essentials

Essentials liefern aktuelles Wissen in konzentrierter Form. Die Essenz dessen, worauf es als „State-of-the-Art" in der gegenwärtigen Fachdiskussion oder in der Praxis ankommt. *Essentials* informieren schnell, unkompliziert und verständlich

- als Einführung in ein aktuelles Thema aus Ihrem Fachgebiet
- als Einstieg in ein für Sie noch unbekanntes Themenfeld
- als Einblick, um zum Thema mitreden zu können

Die Bücher in elektronischer und gedruckter Form bringen das Fachwissen von Springerautor*innen kompakt zur Darstellung. Sie sind besonders für die Nutzung als eBook auf Tablet-PCs, eBook-Readern und Smartphones geeignet. *Essentials* sind Wissensbausteine aus den Wirtschafts-, Sozial- und Geisteswissenschaften, aus Technik und Naturwissenschaften sowie aus Medizin, Psychologie und Gesundheitsberufen. Von renommierten Autor*innen aller Springer-Verlagsmarken.

Katja Schupp · Björn Staschen ·
Judith Hager

Journalistische Praxis: Innovationen planen und umsetzen

Springer VS

Katja Schupp
Waldalgesheim, Rheinland-Pfalz, Deutschland

Björn Staschen
Hamburg, Deutschland

Judith Hager
Mainz, Deutschland

ISSN 2197-6708 ISSN 2197-6716 (electronic)
essentials
ISBN 978-3-658-47825-4 ISBN 978-3-658-47826-1 (eBook)
https://doi.org/10.1007/978-3-658-47826-1

Die Deutsche Nationalbibliothek verzeichnet diese Publikation in der Deutschen Nationalbibliografie; detaillierte bibliografische Daten sind im Internet über https://portal.dnb.de abrufbar.

© Der/die Herausgeber bzw. der/die Autor(en), exklusiv lizenziert an Springer Fachmedien Wiesbaden GmbH, ein Teil von Springer Nature 2025

Das Werk einschließlich aller seiner Teile ist urheberrechtlich geschützt. Jede Verwertung, die nicht ausdrücklich vom Urheberrechtsgesetz zugelassen ist, bedarf der vorherigen Zustimmung des Verlags. Das gilt insbesondere für Vervielfältigungen, Bearbeitungen, Übersetzungen, Mikroverfilmungen und die Einspeicherung und Verarbeitung in elektronischen Systemen.
Die Wiedergabe von allgemein beschreibenden Bezeichnungen, Marken, Unternehmensnamen etc. in diesem Werk bedeutet nicht, dass diese frei durch jede Person benutzt werden dürfen. Die Berechtigung zur Benutzung unterliegt, auch ohne gesonderten Hinweis hierzu, den Regeln des Markenrechts. Die Rechte des/der jeweiligen Zeicheninhaber*in sind zu beachten.
Der Verlag, die Autor*innen und die Herausgeber*innen gehen davon aus, dass die Angaben und Informationen in diesem Werk zum Zeitpunkt der Veröffentlichung vollständig und korrekt sind. Weder der Verlag noch die Autor*innen oder die Herausgeber*innen übernehmen, ausdrücklich oder implizit, Gewähr für den Inhalt des Werkes, etwaige Fehler oder Äußerungen. Der Verlag bleibt im Hinblick auf geografische Zuordnungen und Gebietsbezeichnungen in veröffentlichten Karten und Institutionsadressen neutral.

Planung/Lektorat: Barbara Emig-Roller
Springer VS ist ein Imprint der eingetragenen Gesellschaft Springer Fachmedien Wiesbaden GmbH und ist ein Teil von Springer Nature.
Die Anschrift der Gesellschaft ist: Abraham-Lincoln-Str. 46, 65189 Wiesbaden, Germany

Wenn Sie dieses Produkt entsorgen, geben Sie das Papier bitte zum Recycling.

Was Sie in diesem *essential* finden können

- Ein Plädoyer für Innovationsstrategien als Antwort auf die Herausforderungen des modernen Journalismus
- Eine Einführung in die unternehmerischen Rahmenbedingungen für gelingende Innovation im Journalismus
- Eine Analyse der häufigsten Schwierigkeiten bei der Umsetzung innovativer Prozesse
- Praktische Handlungsempfehlungen, Anregungen und Tipps für die Gestaltung journalistischer Innovation, die zeitgemäße Formatgestaltung mit journalistischer Qualität verbindet
- Best Practice-Beispiele aus dem In- und Ausland

Inhaltsverzeichnis

1 Einleitung 1
2 Beziehungsarbeit: Journalist*innen und das Publikum 3
3 Transformation als Voraussetzung für Innovation 11
   3.1 Das scheinbare Innovationsparadoxon der Medien 11
   3.2 Felder von Innovation 13
   3.3 Struktur und Kultur verändern 16
   3.4 Loslassen und Bündeln 21
   3.5 Neues wagen: Organisation und Kultur in Neugründungen 22
   3.6 Das Team als innovatives Umfeld 23
   3.7 Transformationskompetenz durch diverse Teams 26
4 Neue journalistische Produkte durch neue Prozesse 29
   4.1 Journalistische Produkte entwickeln, Innovation umsetzen 30
   4.2 Neue Formen der Berichterstattung 38

Was Sie aus diesem *essential* mitnehmen können 41

Literatur 43

Einleitung 1

Menschen unter dreißig nutzen Medien radikal anders als ältere: Sie sind die Altersgruppe mit der höchsten Bewegtbildaffinität, nutzen Videoinhalte überwiegend zeitsouverän und non-linear im Netz, und das Smartphone spielt dabei eine größere Rolle als bei allen anderen Nutzer*innengruppen. Dieser Trend verfestigt sich seit fünf Jahren und zwingt uns Journalist*innen zu völlig neuem Denken, wenn wir unsere Aufgabe – zu einer freien, individuellen und öffentlichen Meinungsbildung in einer demokratischen Gesellschaft beizutragen – weiterhin ernst nehmen. Kurz und klar: Das Nutzungsverhalten hat sich geändert, also muss sich auch der Journalismus ändern.

Veränderung ist überlebenswichtig, bedeutet aber auch immer Herausforderung. Doch keine Angst: Bei Lichte betrachtet ist auch Veränderung nichts Neues, sondern Teil der Mediengeschichte. Angefangen bei der Erfindung der Drucktechnik mit beweglichen Lettern durch Johannes Gutenberg Mitte des 15. Jahrhunderts über die Entwicklung des Fernsehens zum Massenmedium in den 1950er Jahren, die Erfindung des Internets 1989 bis hin zur jüngsten Entwicklung: Künstliche Intelligenz. Wer lernt, mit Veränderungen umzugehen, wird stärker. Und was es braucht, damit aus Veränderung gelingende Innovation wird: Davon handelt dieses Buch, „Journalistische Praxis: Innovationen planen und umsetzen".

Innovation wird in der Journalistik und der Medien- und Kommunikationswissenschaft definiert als die „Fähigkeit, auf Veränderungen bei Produkten, Prozessen und Dienstleistungen durch den Einsatz kreativer Fähigkeiten zu reagieren, die es ermöglichen, ein Problem oder einen Bedarf zu erkennen und so zu lösen, dass etwas Neues eingeführt wird, das den Kunden einen Mehrwert bietet und dadurch die Lebensfähigkeit des Medienunternehmens fördert." (García-Avilés et al. 2018, S. 27; Applegren und Nygren 2019, S. 2). Es geht bei Innovation, anders als etwa bei der bloßen Erfindung oder Veränderung generell, um etwas, das letztlich die Überlebensfähigkeit eines Medienunternehmens sichert, weil es die angebotenen Produkte in gewisser Weise „besser" macht, zukunftsfähig und resilient zum Beispiel.

Moment mal – Produkte, Kunden?! Schon beim Begriff fangen die Herausforderungen an. Ein Produkt im wirtschaftlichen Sinne ist ein materielles Gut oder eine immaterielle Dienstleistung, bei der üblicherweise eine Gewinnerzielungsabsicht im Vordergrund steht – und hier setzt bei überzeugten Journalist*innen schon die Schnappatmung ein: Denn journalistische Produkte dienen, wie oben beschrieben, in aller Regel in gleichem oder sogar höherem Maße als einer Gewinnerzielungsabsicht einem demokratischen Auftrag, der durch den Schutz der Pressefreiheit im Grundgesetz verankert ist.

Der Begriff der Innovation hingegen „offenbart eine inhärent umsatz- und marktorientierte Logik, (…) wertvoll genug für Geldgeber, Publikum, Werbekunden oder Sponsoren, um in sie zu investieren. (…) Die Alternative ist vielmehr ein Ansatz, der mit der Frage beginnt: ‚Welche Art von Nachrichtensystem braucht eine robuste Demokratie?'" (Creech und Nadler 2018, S. 194).

Dieser Gedanke, diese Überzeugung liegt diesem Band zugrunde: Wir möchten Anregungen geben, wie journalistische Produkte, Prozesse und Dienstleistungen kreativ so verändert werden können, dass sie den aktuellen Bedürfnissen entsprechen und etwas Neues hervorbringen, das am Ende nicht den „Kund*innen", sondern den aktiven Bürger*innen einen Mehrwert bietet und es uns Journalist*innen erlaubt, unsere Rolle innerhalb der Demokratie weiterhin auszufüllen.

Beziehungsarbeit: Journalist*innen und das Publikum

Veraltete Einbahnstraßenkommunikation: Lange Zeit brauchten sich Journalist*innen gar nicht mit ihren Rezipient*innen auseinanderzusetzen. Leser*innen, Zuhörer*innen und Zuschauer*innen – das war die anonyme Masse „da draußen". Die Beziehung zwischen Journalist*innen und ihren Nutzer*innen glich einer Einbahnstraße: Journalist*innen gaben vor, was relevant und von allgemeinem Interesse war. Sie transportierten den „General Will" hinab zu ihren Nutzer*innen, die wiederum passiv annahmen, was die Medien ihnen vorsetzten und bereitwillig in Kauf nahmen, dass sie auch für den Wirtschaftsteil einer Tageszeitung bezahlen mussten, selbst wenn sie nur den Sportteil lesen wollten. Durch ihre Auswahl der Nachrichten, regulierten die Journalist*innen, welche Informationen zu den Rezipient*innen durchgelassen wurden. Sie waren sogenannte „Gatekeeper" (White 1950). Das war zwar eine Einschränkung für die Nutzer*innen, sicherte aber unter den gegebenen Umständen und zu dieser Zeit auch die Qualität journalistischer Arbeit.

Der digitale Wandel, das Web 2.0, hat all dies verändert. Journalist*innen haben nicht mehr das Monopol unter den Informationsvermittler*innen. Heute gibt es viele Angebote im Netz. Neben journalistischen Inhalten trifft man hier auch auf Inhalte anderer Anbieter*innen, seien es werbetreibende Unternehmen, Privatpersonen, von denen sich einige „Influencer*innen" nennen, oder gar Parteien. Die Konkurrenz hat zugenommen, eine Exklusivität journalistischer Kompetenz gibt es nicht mehr. Die Machtposition von Journalist*innen als „Gatekeeper" ist geschwächt. Sie setzen nicht mehr exklusiv die Themen – das kann heute jede*r und so ist das Netz voll von Informationen unterschiedlichster Quellen und damit auch unterschiedlichster Qualität. Die Nutzer*innen haben die

Wahl und die Auswahl. Sie können selbstbestimmt die Informationen zusammensuchen und rezipieren, die sie interessieren und die für ihre eigene Lebenswelt relevant sind (oder diese Inhalte sogar selbst herstellen). Mit anderen Worten: Wer nur den Sportteil will, muss heute nicht mehr auch für den Wirtschaftsteil zahlen – weder mit Geld noch mit Aufmerksamkeit. Jede*r kann sich an den für ihn/sie passenden Inhalten bedienen – wie im Supermarkt. Die Wertschätzung für journalistische Kompetenz geht damit ein Stück weit verloren, auch, weil Rezipient*innen im Netz von Inhalten anderer Quellen ebenso wie von KI-generierten Inhalten (für die Nutzer*innen kaum oder nur schwer zu unterscheiden) überflutet werden. Gerade junge Menschen differenzieren kaum noch zwischen journalistischen und nicht-journalistischen Angeboten. Sie setzen auf Glaubwürdigkeit und sei es auch nur eine gefühlte Glaubwürdigkeit. Umgekehrt wird damit die Aufmerksamkeit der User*innen zur neuen Währung für Journalist*innen: Wie können Nutzer*innen erreicht und gebunden werden? Das fällt vor allem jenen Medienhäusern schwer, deren Grundkonzept nach wie vor die Vollversorgung ist, die sich nicht auf ein Thema oder einen Kanal spezialisiert haben und die immer noch mehr über als mit ihren Nutzer*innen kommunizieren.

Nutzer*innen als aktive Akteur*innen: Laut der ARD-ZDF-Onlinestudie wurden schon im Jahr 2022 täglich mehr als zweieinhalb Stunden Medieninhalte über das Internet genutzt. Bewegtbildangebote werden im Internet am häufigsten konsumiert, gefolgt von Audio und Text. 80 % der deutschsprachigen Bevölkerung ab 14 Jahren nutzen das Internet täglich. Dies geschieht nicht mehr nur stumm und passiv – die Nutzer*innen werden auch selbst zu Sendern. Sie kommentieren, teilen, liken, bloggen, sie filmen Ereignisse aus ihrer Lebenswelt oder schreiben diese auf, um sie dann öffentlich zugänglich zu machen (Beisch und Koch 2022). Expert*innen wie Dan Gillmor, Professor an der Walter Cronkite School of Journalism and Mass Communication der Arizona State University, nennen das „Grassroots Journalism" oder auch „Citizen-Journalism", „Bürgerjournalismus" oder „Laienjournalismus". Mit diesem Rollenwandel von passiven Konsument*innen zu aktiven Akteur*innen im Netz haben sich auch die Anforderungen verändert, die Rezipient*innen heute an die klassischen Medien stellen. Die Nutzer*innen sind selbstbewusster geworden, denn sie haben die Möglichkeit, ohne Vermittlung ihre Meinung zu sagen und ihre Wünsche zu äußern. Auch wenn die Mehrheit der Nutzer*innen immer noch passiv im Netz unterwegs ist und nicht alle zu „Bürgerjournalist*innen" werden, können und wollen sie mit einem „General Will" nichts mehr anfangen. Was die Nutzer*innen suchen, sind Informationen, die sie befähigen, selbst Entscheidungen zu treffen. Denn die digitale Transformation ist nicht einfach nur eine Erweiterung des Rezipierens ins Web 2.0, sie verändert auch die Art und Weise, wie Nutzer*innen denken. Für

Journalist*innen bedeutet das: Es geht nicht mehr um reines Publizieren, sondern um echte Kommunikation und Dialog. Es geht um eine Beziehung, die ein wechselseitiges Verhältnis markiert.

Die zentrale Frage lautet: Wie können Journalist*innen die Logik des Internets mit der Logik ihrer journalistischen Arbeit vereinen? Aktuell ist das Kommunikat der publizierte Artikel bzw. das Video- oder Audiofile. Früher bedeutete dies für Journalist*innen das Ende ihrer Arbeit. Heute ist dies nur noch einen Zwischenstand. Journalist*innen müssen Menschen zusammenbringen und Vernetzung ermöglichen, um deren Bedürfnis, Zugehörigkeit auszudrücken, zu befriedigen. Sie müssen einen Raum schaffen, in dem Menschen zusammenkommen und sich austauschen können. Als Marshall McLuhan 1964 sagte „the medium is the message" (S. 7), meinte er damit, dass ein Medium unabhängig von seinem Inhalt die Gesellschaft verändern kann. Als Beispiel nannte er die Glühbirne: Sie schafft Licht, in dem sich Menschen treffen können, transportiert aber selbst keinen Inhalt. Diesem Beispiel folgend müssen Journalist*innen heute auch Anschlusskommunikation ermöglichen und ihr Produkt so gestalten, dass danach etwas passiert. Oder anders ausgedrückt: den Algorithmus des Internets in ihre Arbeit integrieren, in dem Kommentare genauso wichtig sind wie Klicks oder reine Watchtime. Da Journalist*innen nicht mehr nur senden, sondern auch empfangen, wird das Community Management Teil ihres Auftrags, zur Meinungsbildung beizutragen.

Diese neu entstandene Beziehung zu ihren Nutzer*innen fordert von heutigen Journalist*innen vor allem eines: ihr Berufsbild neu zu definieren. Dabei hat es nicht an Bedeutung verloren, im Gegenteil: Journalist*innen müssen moderieren, einordnen, widerlegen und so ihre Nutzer*innen ernst nehmen – damit leisten sie im urjournalistischen Sinne - einen wichtigen Beitrag zur Herstellung von Öffentlichkeit als einem Raum der fairen Auseinandersetzung, der offenen Diskussion und des am jeweiligen Gegenüber interessierten Austauschs.

Der Dienst am Publikum ist keine Erfindung des Online-Zeitalters. Auch im analogen Fernsehen wurden und werden die Einschaltquoten gemessen und der Kurvenverlauf analysiert, es wird beobachtet, wie viele Zuschauer*innen in welcher Minute weggeschaltet haben und wohin, und es werden Beiträge im Sendungsverlauf auf Umschaltzeitpunkte platziert, damit am Ende die Quote stimmt. Auch bei Zeitschriften und Zeitungen sind Auflage und Verkaufszahlen nach wie vor die Währung. Doch nirgendwo schlagen sich die Wünsche der Rezipient*innen so deutlich nieder wie bei den Online-Medien. Klicks sind messbar und geben Auskunft darüber, welche Themen ankommen und welche nicht. Sie sind ebenso wie Kommentare und Likes ein Gradmesser, ein Spiegel des Interesses oder auch des Geschmacks der Nutzer*innen.

Massenmedium und Nischenpublikum: Das führt unweigerlich zu der Frage, die sich jahrzehntelang kein*e Journalist*in gestellt hat: Wer sind „die Nutzer*innen" überhaupt? Das Bestreben „für alle" zu schreiben bzw. zu publizieren, führte früher in erster Linie dazu, dass Journalist*innen an Menschen dachten, die sind, wie sie selbst: weiße Bürger*innen der Mittelschicht. Entsprechend waren sowohl die Quellen als auch die Perspektiven lange Zeit weiß, vorwiegend männlich und auf „Mainstream-Journalismus" ausgerichtet – zum Nachteil anderer Gesellschaftsgruppen wie zum Beispiel Migrant*innen. Wenn wir heute über die Beziehung zwischen Journalist*innen und ihren Nutzer*innen reden, dann geht es vor allem darum, dass journalistische Angebote für alle Menschen geschaffen werden müssen, auch für Minderheiten und jüngere Menschen. Es geht um vielfältige Angebote für spitze, homogene Zielgruppen und deren Lebenswelten, denn 14-jährige Mädchen brauchen andere journalistische Angebote als 50-jährige Männer.

Digital Natives: Gerade junge Menschen sind eine Gruppe, die lange Zeit ignoriert wurde, deren Status sich aber immens gewandelt hat: von einer irrelevanten Gruppe hin zu der Spitzenposition vor allen anderen Usergruppen. Die sogenannten „Digital Natives" sind die erste Generation, die umgeben von digitalen Medien und Smartphones aufwächst. Sie verbringen viel Zeit im Internet. Laut der 18. Shell Jugendstudie suchen 71 % mindestens einmal täglich nach Informationen im Netz. Sie nutzen YouTube, Messenger-Apps und News-Portale, vertrauen aber auch traditionellen Medien. Für Journalist*innen sind junge Menschen daher auch eine Gruppe, von deren digitalem Feedback sie lernen können, um ihre Inhalte im Netz besser auffindbar zu machen. Sie zeigen ihnen, was als relevant und wichtig, was als „Nachricht" empfunden wird (Albert et al. 2019).

In der Beziehung zwischen Journalist*innen und Nutzer*innen geht es daher – im Interesse beider Parteien – um die Frage, wie Journalist*innen Informationen für ihre spezifische Zielgruppe übersetzen können. Es geht also nicht um die Vorlieben des Publikums, sondern um dessen Bedürfnisse: Es zu informieren, es mit qualitativ hochwertigen Inhalten zu versorgen, die auf die Lebenswelt der Zielgruppe abgestimmt und zugeschnitten sind und die auch als wertvolle Informationen wahrgenommen werden. Das müssen nicht zwingend Nachrichten im klassischen Sinne sein. In erster Linie geht es um Informationen, was wiederum von Journalist*innen ein Überdenken ihrer normativen Kriterien erfordert. Werden alle Informationen gleich behandelt oder nach gesellschaftlicher Relevanz und demokratischem Wert gewichtet? Wenn Themen und Quellen aufgrund vermeintlich mangelnder Relevanz ausgeschlossen werden, werden unter Umständen auch Informationen übersehen, die für bestimmte Menschen von Bedeutung sind.

Die „BBC" hat dazu bereits vor sechs Jahren gemeinsam mit dem Digitalexperten Dmitry Shishkin ein „User Needs Model" für das digitale Angebot des BBC World Service entwickelt. Dieses analysiert die unterschiedlichen Bedürfnisse der Nutzer*innen und teilt sie in sechs Kategorien ein (ten Teije und Woudstra 2023).

User Needs Model

- Update me (bringe mich auf den neusten Stand)
- Keep me on trend (halte mich auf dem Laufenden)
- Inspire me (inspiriere mich)
- Divert me (lenke mich ab)
- Educate me (erkläre es mir)
- Give me perspective (gib mir eine Perspektive)

Analyseergebnisse: Shishkin konnte mit seiner Analyse der BBC-Redaktion aufzeigen, dass rund 70 % der produzierten Artikel auf das klassische Nachrichtenbedürfnis (update me) einzahlten, aber nur sieben Prozent des Traffics ausmachten. Die übrigen Bedürfnisse der Nutzer*innen wurden kaum bedient, führten aber dennoch zu mehr Traffic (Woudstra 2020). Daraufhin richtete die Redaktion ihr Angebot stärker auf die unterschiedlichen Bedürfnisse aus, was zu einer höheren Nutzung und stärkeren Bindung führte. Ein Beweis dafür, dass es sich lohnt, Inhalte auf die Bedürfnisse der Nutzer*innen abzustimmen. Inzwischen hat Shishkin sein Modell in Zusammenarbeit mit Smartocto, einem niederländischen Unternehmen für redaktionelle Analysen, weiterentwickelt und, wie in Abb. 2.1 ersichtlich, um die Bedürfnisse „Help me" H(hilf mir) und „Connect me" (vernetze mich) ergänzt (Smartocto o. J.).

Das Bedürfnis „keep me on trend" (halte mich auf dem Laufenden) wurde durch „keep me engaged" (halte mich beschäftigt) ersetzt. Nach eigenen Angaben von Smartocto haben inzwischen auch „Buzzfeed", „Wall Street Journal", „Vogue", „Altlantic" und einige andere Unternehmen das User Needs Model übernommen. Auch in Deutschland gibt es bereits Adaptationen des Modells. So hat die Programmdirektorin Gabriele Holzner für den Hessischen Rundfunk den öffentlich-rechtlichen Auftrag in ein nutzerorientiertes Bedürfnismodell übersetzt, die Kategorien sind hier: Information, Orientierung, Inspiration, Identität, Entspannung und Erlebnis.

Die Journalistische Innovation muss darin bestehen, sich von der Fokussierung auf Nachrichten hin zu dem zu bewegen, was als informativ erlebt wird.

Abb. 2.1 User Needs Model 2.0. (Quelle: https://smartocto.com/research/userneeds/)

Räume und Kontexte der Nachrichtennutzung müssen neu gedacht werden. Auch Wissenschaftler*innen wie Dr. Joëlle Swart vom Centre for Media and Journalism Studies an der Universität in Groningen plädieren dafür, dass Journalist*innen die folgenden drei Punkte berücksichtigen (Swart 2018):

- einen weniger Nachrichten zentrierten Ansatz zu wählen

- sich ein umfassendes Bild von der Zielgruppe zu machen und
- die journalistischen Inhalte darauf abzustimmen, was als informativ erlebt wird

Ein radikaler „Audience Turn" ist offensichtlich notwendig, um die Bedürfnisse (nicht die Wünsche) der Nutzer*innen zu erfüllen. Die regionale Nachrichtenseite „Merkurist.de" für Mainz, Wiesbaden und Rheinhessen, bezieht ihre Nutzer*innen bereits aktiv in die Themenfindung und Beitragsproduktion ein. Registrierte Leser*innen können einen sogenannten „Snip" erstellen. Das kann eine Frage oder ein Themenvorschlag sein. Wenn sich andere User*innen ebenfalls für diesen Snip interessieren, ermöglicht ein Klick auf den „oh ha!"-Button, dieses Thema zu pushen. Sind genügend Interessent*innen für ein Thema erreicht, schickt „Merkurist" eine*n professionelle*n Journalist*in los, der/die das Thema recherchiert und einen Beitrag dazu verfasst. Die Nutzer*innen haben auch die Möglichkeit, mit Fotos, Videos oder Kommentaren zu unterstützen.

„Merkurist.de" ist ein Beispiel für ein Medienunternehmen, das eng mit seinen Nutzer*innen verbunden und für diese relevant sein will. Diese Art der Partizipation misst die Nutzer*innen nicht nur passiv, sondern bezieht sie aktiv in die Themenfindung und Produktion ein. Dies kann wiederum zu mehr Vertrauen und Achtung gegenüber dem Journalismus führen.

Journalismus neu aufgelegt: Journalismus ist also kein Auslaufmodell, sondern erfährt eine Neuauflage. Niemand will „nur" Bürgerjournalist*innen. Journalist*innen als Profis sind weiterhin gefragt. Wer zum Arzt geht, erwartet auch einen Profi und keinen Laien. Was bleibt, ist ein Grundbedürfnis nach Kontext, Einordnung, Bewertung, Glaubwürdigkeit, Qualität und Orientierung. Und gerade an Orientierung mangelt es in der Flut von Informationen, die heute jede*n jederzeit und allerorts trifft, wenn er/sie im Netz unterwegs ist. Bei all den Reels, Snips, Snaps, Chats und Tweets kann man als Nutzer*in schon mal den Überblick verlieren. Ein gutes Angebot von Expert*innen ist noch immer ein unschlagbares Angebot. Als Rezipient*in ist es einerseits anstrengend und andererseits zeitraubend, sich zu jedem Thema selbst einen Überblick zu verschaffen, verschiedene Quellen aufzuspüren und zu checken. Die Herausforderung für Journalist*innen ist, wie es „BR"-Intendantin Katja Wildermuth formuliert, „dafür [zu] sorgen, dass Unterschiede zwischen Journalismus und Selbstdarstellung gesehen und verstanden werden." (Lückerath 2023), auch und besonders im Netz. Was Journalist*innen brauchen, ist ein neues Qualitätssiegel, so wie der Joghurt das Bio-Siegel hat. Bei den Lebensmitteln achten heute immer mehr Menschen auf Herkunft, Inhaltsstoffe und Produktionsbedingungen und sind bereit, dafür tiefer in die Tasche zu greifen. Was Journalist*innen ihren Nutzer*innen daher anbieten sollten, ist nachhaltiger Content, ein Gegentrend zum flüchtigen, digitalen Überangebot, quasi mehr Echtheit statt Echtzeit. Letztlich geht es um das Gesamtpaket aus Information, Vertrauen und Orientierung. Denn was das Internet nicht kann, ist Identifikation stiften. Mit der „FAZ", „funk" und „YOU FM" kann man sich identifizieren, mit „dem Internet" nicht.

Wie geht es nun weiter? Journalist*innen sind wichtig für den Diskurs in einer demokratischen Gesellschaft und werden es auch in Zukunft sein. Sie stehen jedoch vor drei großen Herausforderungen: Erstens, im Kontext einer fortschreitenden Individualisierung von Angeboten, die die Gefahr einer Segmentierung von Öffentlichkeit birgt, eine Schnittmenge in der Informationsversorgung herzustellen, damit sich alle über gesellschaftlich relevante Informationen austauschen und streiten können. Die zweite Herausforderung besteht darin, sich auch der anderen großen Gruppe von „Nutzer*innen" zuzuwenden, nämlich den Nicht-Nutzer*innen, denjenigen, die sich von journalistischen Inhalten abgewandt haben oder diese (noch) gar nicht gefunden habe und denjenigen, die gar nicht mehr erreicht werden wollen. Die dritte Herausforderung ist die fortschreitende Automatisierung von Inhalten durch Algorithmen und künstliche Intelligenz wie dem Chatbot ChatGPT. Bei allen Vor- und Nachteilen der automatisierten Berichterstattung, ist immer auch klar: KI ist nur ein Protokoll. Neue Inhalte kann sie nicht generieren. Journalist*innen müssen sich also wieder auf den Kern ihrer Arbeit besinnen, um sich von Robotern zu unterscheiden: Geschichten erzählen, Unbekanntes bekannt machen, andere Perspektiven aufzeigen – um in einer unberechenbaren Welt, für ihre Rezipient*innen berechenbar zu bleiben.

Transformation als Voraussetzung für Innovation 3

3.1 Das scheinbare Innovationsparadoxon der Medien

Forderung nach Innovation: Wie kann der Journalismus seine Zukunft und das wirtschaftliche Überleben einer ganzen Branche aus Zeitungen, Zeitschriften, Rundfunksendern und Onlinemedien sichern? Wie können die Medien gewährleisten, dass sie auch in Zukunft ihre für die westlichen Demokratien wichtige Funktion erfüllen? Eine häufig gegebene Antwort auf diese Fragen lautet: Seid innovativ! „Wir brauchen Innovationslabore in allen Rundfunkanstalten, die vormachen, wie es gehen kann", forderte der Hamburger SPD-Politiker Carsten Brosda, Senator für Medien und Kultur am Sitz des „Norddeutschen Rundfunks". „Die kreativen Köpfe sitzen doch in den Redaktionen und Abteilungen der Rundfunkanstalten", wunderte sich Brosda in einem Text für die „Süddeutsche Zeitung". „Lasst sie nicht nur intern die Probleme beschreiben, sondern endlich öffentlich nach vorne denken und Lösungen entwickeln, möchte man den Intendanten zurufen. Habt den Mut, euch eurer Kreativität zu bedienen!" (Brosda 2022).

Innovationslabore: Angesichts dieser und ähnlicher Forderungen rieben sich einige Mitarbeitende der öffentlich-rechtlichen Sender die Augen. Sie arbeiten bereits in genau jenen „Innovationslaboren", deren Einrichtung der Medienpolitiker Brosda und andere nun fordern – in der „Web Video Unit" des Norddeutschen Rundfunks, im „XLab" des Südwestrundfunks oder im „Innovation Lab" des Westdeutschen Rundfunks. Sie sind „Head Of Mission Innovation" beim deutsch-französischen Sender ARTE oder arbeiten für Redaktionen wie „Strg_F", das „Y-Kollektiv" oder „Deutschland 3000". Darüber hinaus haben auch Verlage in

Deutschland Labore und Innovationseinheiten gegründet – und zum Teil wieder geschlossen. Diese Mitarbeitenden – teils Journalist*innen, teils Programmierer*innen, Datenspezialist*innen oder Produktmanager*innen, verbunden in enger Kollaboration – bringen zum Teil seit mehr als einem Jahrzehnt Innovation voran – und dennoch sehen sich Sender und Verlage mit dem Vorwurf konfrontiert, „endlich mal" kreativ zu werden. Wie kann das sein?

Innovationsdiskurs statt Qualitätsdiskurs: Entgegen dem Eindruck, die Medien müssten „endlich innovativ" werden, stellen auch Medienwissenschaftler*innen fest: Die Medien führen heute bereits einen „Innovationsdiskurs" – und zwar anstelle des früheren „Qualitätsdiskurses". Irene Costera Meijer begrüßt diesen Paradigmenwechsel grundsätzlich und wohl auch im Sinne der Forderungen der zitierten Medienpolitiker*innen: Andere Branchen hätten Innovation schon längst als Prozess begriffen, mit dem sie die Qualität ihrer Produkte erhöhen könnten, während Journalist*innen Innovation häufig ablehnten. Als Grund dafür macht sie die Befürchtung von Journalist*innen aus, dass die Konzentration auf Innovation die Qualität ihrer Berichterstattung gefährde. Dennoch – und zu Recht – habe „Innovation" das Qualitätsparadigma in „metajournalistischen Debatten" schließlich abgelöst. Laut Costera Meijer „verfolgt fast jede Nachrichtenorganisation detailliert, wie viel Zeit die Zuschauer mit welchen Nachrichten verbracht haben und was sie damit machen: klicken, teilen, kommentieren usw. Publikum und Nutzer sind zu zentralen Figuren – und sei es auch nur abstrakt – im alltäglichen Nachrichtendiskurs und in den Praktiken der Nachrichtenproduktion geworden." Sie schlussfolgert: „Das Konzept des ‚Audience Engagements' ist Bestandteil eines neuen Diskurses geworden, der das Überleben des Journalismus in den Blick nimmt." (Costera Meijer 2020).

(Falsche) Wahrnehmung von Innovation: Innovationslabore allerorts, wissenschaftliche Forschung, die gar einen Paradigmenwechsel weg von der Qualitätsdebatte hin zur Innovationsdebatte feststellt, bei der die Nutzenden im Mittelpunkt stehen – und dennoch wird noch immer „Innovation" als Heilmittel für das Überleben des Journalismus gefordert? Wie passt das zusammen? Warum wird Innovation, die offensichtlich stattfindet, nicht als solche wahrgenommen? Warum setzt sich Innovation nicht auf eine Art und Weise durch, die die Wahrnehmung, das Image von öffentlich-rechtlichen Medien sowie von Zeitungen, Zeitschriften und Privatfunk zumindest in den Augen eines fachkundigen Publikums (wie der Medienpolitik) prägt? An welchen Stellen also hakt Innovation selbst oder eben die Wahrnehmung von Innovation?

Ein Innovationsparadoxon besteht offensichtlich im Diskurs über Journalismus und Medienentwicklung: Die Innovation, die manche fordern, gibt es schon lange. In diesem Innovationsparadoxon liegen entscheidende Antworten auf die Frage, wann Medieninnovation erfolgreich sein kann und wie Innovation die Zukunft des Journalismus sichern und zum Erhalt unseres Mediensystems beitragen kann. Ebenso erlaubt das scheinbare Innovationsparadoxon einen Blick darauf, welche Innovationen funktionieren und welche nicht und an welchen Stellen dringender Handlungsbedarf besteht, um Innovationen nachhaltig zum Erfolg zu verhelfen.

3.2 Felder von Innovation

Innovationsfelder: Diejenigen, die heute Innovation im Medienbereich analysieren, nehmen naturgemäß unterschiedliche Perspektiven ein. Buschow und Wellbrock (2020) untersuchen in einem Gutachten für die Landesmedienanstalten Medieninnovationen anhand mehrerer „Innovationsfelder". Neben der „Produktinnovation", etwa einem neuen YouTube-Format, beschreiben sie die „Prozessinnovation", bei der neue Managementstrukturen oder veränderte Arbeitsprozesse entstehen. Als drittes Feld nennen sie die „Positionierungsinnovation", etwa die Ausrichtung auf neue Publika, und als viertes Feld die „paradigmatische Innovation", etwa das veränderte Erlösmodell eines Medienhauses.

Es spricht viel dafür, dass diese parallele Betrachtung scheinbar gleichberechtigter Innovationsfelder den notwendigen Blick auf die Zusammenhänge zwischen den verschiedenen Innovationsfeldern erschwert: Denn diese Innovationsfelder sind nicht primär parallel zueinander angeordnet und könnten daher beliebig hier und dort bearbeitet werden. Vielmehr stehen zumindest einige der richtig beschriebenen Innovationsfelder in einem Abhängigkeitsverhältnis zueinander. Und weil sich viele Medienhäuser Innovationen vor allem auf Feldern zutrauen, auf denen sie ihnen auch leichtfallen, geraten sie und mit ihnen das gesamte Mediensystem in das oben beschriebene „Innovationsparadoxon".

Die Entwicklung neuer Produkte funktioniert in vielen Medienhäusern oft noch gut und erfolgreich (Buschow und Wellbrock 2020, sprechen von „Produktinnovation", s. innerer Kreis Abb. 3.1): Die bereits genannten Innovationslabore und Redaktionen arbeiten mit einem Entwicklungsetat (also begrenztem zusätzlichen Geld) und oft mit zusätzlichem Engagement. Sie agieren entweder zwischen wilden Ideen und „irgendwie Innovation" oder mancherorts in strukturierten Prozessen: Europäische Medienhäuser haben Innovation nach und nach gelernt und strukturiert – auch mithilfe externer Katalysatoren wie beispielsweise Standortinitiativen wie „nextmedia" in Hamburg oder dem „Media.Lab Bayern" in München

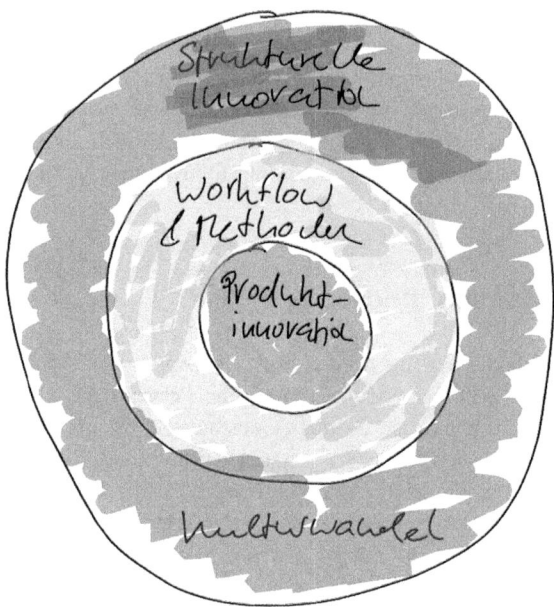

Abb. 3.1 Innovationsfelder. (Quelle: Eigene Abbildung/bjoernsta.de)

und Ansbach. Im Rahmen dieser Produktinnovation entstanden beispielsweise ein neuer Instagram-Auftritt oder der Daten-Bot zur Corona- oder Hochwasserlage.

Anpassung des Regelgeschäfts: Was in etablierten Medienhäusern schon etwas seltener gelingt, ist, für neue Produkte auch Workflows zu verändern und neue Methoden auszuprobieren (s. mittlerer Kreis Abb. 3.1) – nach Buschow und Wellbrock (2020) also die „Prozessinnovation", teilweise als Folge einer „Positionierungsinnovation". Dies zeigt sich daran, dass der Erfolg mancher Produkte ausbleibt, weil sie an den Bedürfnissen der Nutzer*innen vorbei entwickelt wurden. Mit anderen Worten: Trotz finanzieller und personeller Ressourcen fehlt es letztlich an einer zeitgemäßen und nutzerorientierten Umsetzung der Idee. Aber selbst einige gute, nutzerorientierte Produkte sterben, weil die Ressourcen für deren Weiterführung im "Regelgeschäft" fehlen: Medienunternehmen gelingt es oft nicht, neben oder nach der oft zeitlich begrenzten Einrichtung von „Laboren" auch das Regelgeschäft so zu verändern, dass neue, ressourcenfreisetzende Workflows entstehen.

3.2 Felder von Innovation

Die Ursache hierfür liegt oftmals darin, dass Unternehmen trotz des in der Forschung beschriebenen „Innovationsparadigmas" und neuer Labore den Kern des Problems nicht anfassen – das, was über die „paradigmatische Innovation" hinausgeht, die Buschow und Wellbrock (2020) beschreiben. Es geht um die strukturelle Innovation der Organisation, oder präziser: um die Transformation des gesamten Medienunternehmens (s. äußerer Kreis Abb. 3.1). Bleibt diese aus, scheitert auch Innovation. Vor allem traditionelle Medienhäuser gehen bestimmte Themen, wie einen ernstgemeinten Kulturwandel, ein neues Führungsverständnis, veränderte Aufsichtsgremien und weitere Bereiche wie Organisationsstruktur, Honorarsysteme, Finanzordnungen, Diversität sowie Kontrolle und Aufsichtsgremien nicht wirklich an. Warum nicht? Weil das die dicksten Bretter sind, weil Veränderungen in diesen Bereichen aufwendig sind und ans Eingemachte gehen. Weil bei diesen Themen eben auch die Chef*innen sich und ihre Arbeit ändern müssen und selbst die Politik die Rahmenbedingungen für Medien verändern muss. Komplizierte Prozesse, die viele Beteiligte lieber vermeiden. Ein Kulturwandel aber kann nicht gelingen, wenn er sich nicht durch das gesamte Unternehmen zieht, insbesondere auch und vor allem durch die Führungsebene und die Aufsichtsgremien. Auch Buschow und Wellbrock (2020) stellen in ihrem Gutachten fest, dass sich Innovation heute vor allem auf „inkrementellem, kleinschrittigen Niveau" bewegt und meist „auf das journalistische Produkt" beschränkt bleibt.

Transformation: Produktinnovationen und die Veränderung von Workflows werden langfristig nur dann erfolgreich sein, wenn Unternehmen auch ihre Transformation ernsthaft angehen. Wenn sie diese große Herausforderung dagegen vermeiden, wird es anstrengend, vor allem für die Mitarbeiter*innen, von denen „Innovation" erwartet wird – die sich aber an innovationsaversen Strukturen aufreiben. Es ist ein wenig so, als würde ein Rennwagenmotor in einer Oldtimerkarosserie zu immer neuen Drehzahlrekorden getrieben: Irgendwann fliegt die Karre auseinander.

Die Medienwissenschaftlerin Lucy Kueng fasst dies wie folgt zusammen: „Die innere Organisation ist der Schlüssel zu einer erfolgreichen digitalen Transformation, und die Umsetzung digitaler Strategien erfordert eine Kaskade intelligenter und miteinander vernetzter Veränderungen in dieser inneren Organisation." (Kueng 2020, S. 11).

Transformation des medienpolitischen Rahmens: „Transformation" betrifft allerdings noch ein weiteres Feld, nämlich die Veränderung des medienpolitischen Rahmens. Die öffentlich-rechtlichen Sender stoßen dabei oft an ihre Grenzen. Zwei Beispiele: Wenn die Kommission zur Ermittlung des Finanzbedarfs der

Rundfunkanstalten (KEF) nach wie vor den durchschnittlichen Preis einer TV-Sendeminute als Vergleichsgröße zur Bedarfsermittlung heranzieht, wie kann dann eine Anstalt ihre Kostenstrukturen an crossmediale Prozesse anpassen, in denen Material nicht isoliert für einzelne Kanäle produziert wird? Oder: Wie finden Intendant*innen in ihren Aufsichtsgremien den nötigen Rückhalt, um Programm und Produktionsstruktur auf Zielgruppen auszurichten, die in ebendiesen Gremien kaum oder gar nicht vertreten sind?

Eine Transformation des politischen Rahmens ist auch mit Blick auf das gesamte Mediensystem erforderlich, auch hier zwei Beispiele: Private Fernseh- und Radioanbieter sind oft gehalten, Vollprogramme inklusive teurer Nachrichtensendungen anzubieten, um eine Sendelizenz zu erhalten. Netflix und Spotify dagegen dürfen ihre Inhalte frei von möglicherweise lästigen Unterbrechungen durch Informationen „Binge-Watching"-kompatibel bzw. „durchhörbar" anbieten. Die Landesmedienanstalten beaufsichtigen die Mindeststandards des RTL- oder SAT1-Programms, während YouTube diesen Standards nicht genügen muss. Die Plattformen, die die traditionellen Medien um ihre Werbeeinnahmen bringen, genießen auf der anderen Seite regulatorische Wettbewerbsvorteile. Auch an dieser Stelle muss Transformation stattfinden – Hausaufgaben, die die eingangs erwähnten Medienpolitiker*innen wie der Hamburger Kultur- und Mediensenator Carsten Brosda nicht aus den Augen verlieren sollten, wenn sie „mehr Innovation" fordern: Sie können selbst dazu beitragen, dass Innovation gelingt – durch eine demokratiestärkende Transformation des medienpolitischen Rahmens.

3.3 Struktur und Kultur verändern

Welche Organisationsstrukturen traditioneller Medienhäuser haben wir im Blick, wenn wir deren „Transformation" fordern? Wir sprechen von Unternehmen und Institutionen, die sich bereits nach dem Zweiten Weltkrieg gebildet haben und seitdem in ihrer heutigen Struktur mehr oder weniger unverändert bestehen. Das sind vor allem Zeitungs- und Zeitschriftenverlage sowie private und öffentlich-rechtliche Rundfunksender.

Zeitungs- und Zeitschriftenverlage agieren in unserem Mediensystem als Tendenzbetriebe, die auch daher oft von starken Persönlichkeiten geführt werden: Die Verlegerin oder der Verleger vieler Regionalverlage investieren oft auch eigenes Kapital und geben die Richtung des Unternehmens vor. Verlegerfamilien wie Funke, Ippen oder Holtzbrinck führen große Verlagshäuser, in denen Führung zum Teil über Generationen an Familienmitglieder weitergegeben wurde.

3.3 Struktur und Kultur verändern

Unterhalb dieser wirtschaftlichen Führung vertreten Chefredakteur*innen (häufig Männer, s. Abschn. 3.7) diese politische Linie. Das Presserecht schreibt diesen „Verantwortlichen im Sinne des Presserechts" eine entsprechend verantwortungsvolle Position zu, die mit Status und Einfluss auf redaktionelle Prozesse verbunden ist.

Einlinienorganisationen: Altmeppen und Arnold (2013) beschreiben diese Medienorganisationen als traditionelle „Einlinienorganisationen": „Die meisten Redaktionen waren typischerweise pyramidenförmige Einlinienorganisationen, bei denen von der Chefredaktion und in der nächsten Stufe den Ressortleitern und Redakteuren die Ziele und Aufgaben vorgegeben wurden und von unten der Vollzug gemeldet wurde." (Altmeppen und Arnold 2013, S. 93). Vorgabe und Vollzug – Führung nach Wasserfall- oder Top-down-Prinzip, Ideen kommen von der Spitze und werden den Mitarbeitenden „zur Ausführung übergeben" – diese Strukturen stammen aus dem vergangenen Jahrhundert und helfen oft nicht, schnelle Veränderung zu erreichen. Der Veränderungsforscher Peter Kruse hat bereits vor zehn Jahren in einem Vortrag mit einer Mischung aus Augenzwinkern und Verzweiflung acht Innovationshemmnisse zusammengefasst (Kruse 2014), von denen sich viele bis heute in Rundfunksendern und Verlagen finden: von unklaren Zuständigkeiten über Veränderung ausschließlich auf der informellen Ebene bis hin zur Überforderung der Organisation durch zu viele parallele Veränderungsprozesse.

Die öffentlich-rechtlichen Sender sind – anders als Zeitungen und Zeitschriften – binnenplural organisiert, weisen aber ähnliche Strukturen auf: Ein Intendant oder eine Intendantin verantwortet gegenüber den Aufsichtsgremien die Geschäfte des Senders – eine herausragende, monolithische Führungsperson, an der Führungslinien enden und Aufsicht anknüpft. Dieses „Intendantenprinzip" bestimmt die Führung in allen öffentlich-rechtlichen Sendern mit Nachteilen, die in ähnlicher Weise auch in tradierte Verlagsstrukturen zu finden sind: Die Entscheidungswege und Kommunikationsketten sind lang. Die Eigenverantwortung der Mitarbeitenden ist gering. Es gibt wenig Schnittstellen zwischen unterschiedlichen Fachbereichen. Entscheidungen werden auf hierarchisch höheren Ebenen getroffen, die nicht unbedingt über die notwendige Expertise verfügen und zu denen der Informationsfluss nicht immer gesichert ist.

Als 2022 Kritik an der Führungskultur im „Norddeutschen Rundfunk" laut wurde, gab der Intendant eine Analyse des Betriebsklimas in Auftrag – eine selten gesehene, öffentliche Aufarbeitung des Status quo. Mehr als 1000 befragte Beschäftigte attestierten ihrem Sender Reformbedarf: „Der NDR ist ein behördlich organisiertes Rundfunkunternehmen. Im Laufe der Jahrzehnte hat sich eine immense Binnenkomplexität mit starren Strukturen, bürokratischen Prozessen und vielen Regeln entwickelt. Die Mitarbeitenden verzweifeln oft daran." (Reimers et al. 2023, S. 7). Eine Organisationsstruktur, die Innovation beflügelt, sieht anders aus: Wie, das lässt sich an den Unternehmen ablesen, die zur schärfsten Konkurrenz der Medienhäuser in Deutschland herangewachsen sind.

Die US-amerikanischen Plattformkonzerne sind mit Venture Capital in kurzer Zeit exponentiell gewachsen und atmen „Start-Up-Kultur" mit wirtschaftlichen Maximalzielen, anekdotisch illustriert über das von Meta-Chef Mark Zuckerberg formulierte Ziel der „Weltdominanz". Information und Meinungsbildung sind für diese Konzerne nur eines von vielen Betätigungsfeldern zur Gewinnmaximierung – obwohl die Wirkungen der Plattformisierung auf diesem Feld besonders deutlich sind und den tradierten Medienhäusern massive Verluste von Werbeeinnahmen und Reichweiten beschert haben.

Google beispielsweise agierte vor allem in seinem ersten Jahrzehnt auf Basis crossfunktionaler Teams in einer deutlich flacheren Netzwerkstruktur als traditionelle (Medien-)Unternehmen. Mitarbeitende gehörten neben fachlichen Teams auch Projektteams an und erhielten Zeit, sich an einem Tag pro Woche Innovationsteams anzuschließen („Google Lab Days"). Mit der Gründung der Dachorganisation „Alphabet" wandelte sich jedoch auch Google zu einem Unternehmen mit einer stärker hierarchisch zentralisierten Struktur. Eine ähnliche Entwicklung haben auch Meta (ehemals Facebook), Apple und Amazon durchlaufen.

Hinzu kommt in der strategischen Ausrichtung eine radikale Fokussierung auf eine nutzer*innenzentrierte Produktentwicklung. Dieser klare Fokus hat eine Reihe neu entwickelter Methoden hervorgebracht, wie z. B. den „Design Sprint": die fünftägige Konzentration auf die prototypische Entwicklung eines bestimmten Produkts, basierend auf klaren Bedürfnissen von und getestet an Nutzenden. Die Unternehmenskultur der Tech-Konzerne basiert auf Zielen und Zahlen: Mit „Objectives and Key Results" (OKR) schaffen sie Transparenz über Aufgaben und Erfolge einzelner Teams und Mitarbeiter*innen.

Viele traditionelle Medienhäuser haben versucht, diese Methoden in ihren Alltag zu integrieren. Allerdings stellen sie fest, dass auch „Design Sprints" und „OKRs" an ihre Grenzen stoßen. Denn die Unternehmensziele tradierter Medienunternehmen unterscheiden sich nachhaltig von denen US-amerikanischer Tech-Konzerne, weil sie beispielsweise deutlich wertebasierter sind und sich Relevanz oder Qualität weniger gut messen lassen als Reichweite.

Die Konkurrenzsituation traditioneller Medien erinnert damit ein wenig an die Situation deutscher Automobilhersteller, die auf dem Markt für Elektroautos auf Tesla treffen – ein Unternehmen, das nicht erst die schwierige Transformation von der Verbrennerproduktion in die Zukunft bewältigen muss, sondern gleich mit der Zukunft begonnen hat. „Traditionelle Medienhäuser sollten der Umgestaltung

3.3 Struktur und Kultur verändern

ihrer Organisation also ebenso viel Bedeutung beimessen wie der Umgestaltung ihres Produkts", schrieb Lucy Kueng (2017, S. 7) für das Digital News Project des Reuters Institute.

Ansätze für diese Transformation gibt es allerdings nur wenige und wenn, dann selten mit dem klaren Fokus, Innovation zu stärken. So stellen Altmeppen und Arnold (2013, S. 96) fest, dass der Fokus von Veränderung in Verlagen und Sendern in den letzten Jahren nicht auf der Innovationsfähigkeit, sondern auf der Crossmedialität lag: Veränderungsprozesse in Redaktionen seien „durch den Aufbau von zunehmend crossmedial arbeitenden Newsdesks und Newsrooms geprägt gewesen". Ein Zielkonflikt – denn eine Transformation erreicht selten zwei Ziele gleichermaßen. Altmeppen und Arnold (2013) beschreiben es so: „Mit einer Neuorganisation kann die Leistungsfähigkeit der Redaktion erhöht werden. Im positiven Fall wird dies dazu genutzt, die gedruckte Zeitung und ihre weiteren Medienplattformen attraktiver zu gestalten, um die Reichweitenverluste zumindest aufzuhalten. Im negativen Fall wird schlicht Personal eingespart." Hier entstanden also keine Freiräume für Innovation. Transformation sollte eher helfen, Verluste auszugleichen.

Überholte Gremien: Auch bei den öffentlich-rechtlichen Sendern, die auf Basis eines nahezu unveränderten Rundfunkbeitrags reale Einnahmeverluste hinnehmen und aufgrund von Vorgaben der Kommission zur Ermittlung des Finanzbedarfs der Rundfunkanstalten (KEF) Personal abbauen mussten, waren Versuche zur grundlegenden Strukturveränderung eher zaghaft – sowohl innerhalb der Sender als auch mit Blick auf den medienpolitischen Rahmen.

Die Aufsicht über die Sender in Rundfunk-, Fernseh- und Verwaltungsräten bestimmen nach wie vor *„Gremien voller Gremlins"* (2007): Was Moderator Günther Jauch bereits 2007 bei Gesprächen mit der ARD über einen Sonntagabend-Talk erlebte, gilt bis heute. Die Neuen Deutschen Medienmacher*innen ermittelten 2022, dass das Durchschnittsalter der Gremienmitglieder bei 58 Jahren liegt (Goldmann 2022). Vertreter*innen gesellschaftlich benachteiligter Gruppen seien „nur selten" anzutreffen – dabei geht es doch bei der Reform der Programme darum, genau diese Gruppen auch zu erreichen. Wer in den Aufsichtsgremien von ARD-Sendern, ZDF oder „Deutschlandradio" sitzt, steht in Staatsverträgen und Rundfunkgesetzen. Wenn es den Medienpolitiker*innen ernst ist mit der Reform des Mediensystems und der öffentlich-rechtlichen Sender, dann müssten sie hier ansetzen. Zudem sollten sie den Auftrag so verändern, dass die Sender schneller agieren und Angebote auch probeweise starten können. Hinzu kommen zeitgemäße Vorgaben, etwa mit Blick auf crossmediale Kostenstrukturen.

Kollegialorgan als Lösung: Auch innerhalb der Sender ändert sich die jahrzehntealte Organisationsstruktur der „Einlinienorganisationen" nur sehr langsam. Der frühere Verwaltungsratsvorsitzende des NDR, Ulf Birch, forderte bei seinem Abschied 2023 eine Abkehr vom Intendantenprinzip: „Das Letzt-Entscheidungsrecht eines Intendanten oder einer Intendantin könnte ersetzt werden durch Kollegialentscheidungen eines gleichberechtigten Direktoriums mit einer zeitgemäßen Teamstruktur und klar definierten Verantwortlichkeiten für eigenverantwortliche Ressorts." (*Öffentlich-rechtlich: Ex-Verwaltungsratschef fordert zeitgemäße Reformen,* 2023). Solche Abweichungen gab es bereits: Bei „Radio Bremen" lenkte bis 1999 ein Kollegialorgan aus Intendant*in und zwei Direktor*innen die Geschicke des Senders (Bundesverfassungsgericht 1999). Nicht alles, was alt ist, muss auch schlecht sein: Im Zuge der Debatte um eine Strukturreform der ARD-Sender legte das Saarland im Jahr 2023 für den dortigen „SR" fest, dass sich der/die Intendant*in künftig mit zwei Direktor*innen des Senders abstimmen muss – die Rückkehr zum Kollegialorgan.

Einbahnstraßen-Kommunikation: Wenn in der bereits erwähnten Betriebsklimaanalyse des NDR Mitarbeitende die Kommunikation mit der Geschäftsleitung als „Einbahnstraße" beschreiben, sollte zudem die Mitsprache der Mitarbeitenden gestärkt werden. „Statt ‚Ask me anything' wünschen sich viele ‚Ask us anything' – mehr Kontakt und echtes Zuhören von oben nach unten", heißt es wörtlich im Bericht. Eine Möglichkeit, solche Kommunikation zu sichern, ist die Aufwertung von Personalvertretungen und Redaktionsausschüssen durch Rede- und Stimmrecht in Geschäftsleitungs- und Gremiensitzungen.

Kulturwandel: Der NDR entschied sich nach Vorlage der Klimaanalyse dazu, einen umfassenden Kulturwandel anzustoßen. In einem „Kulturkreis" beraten Kolleg*innen aus unterschiedlichen Standorten, Direktionen, Bereichen, Vergütungsgruppen und Berufsbildern, an welchen Stellen Veränderung dringend nötig ist. Als erste Maßnahmen wurden ein jährliches Führungskräfte-Feedback und ein damit verbundenes Fortbildungsprogramm für Führungskräfte beschlossen. Andere Sender gehen ähnliche Wege. Ob diese Veränderungen mehr als kosmetisch sind, bleibt abzuwarten. Immerhin signalisieren sie die Bereitschaft, Veränderung zu wagen und Experimente zuzulassen: Wir sind auf dem Weg!

3.4 Loslassen und Bündeln

Transformation und Innovation brauchen Personal und Geld. Es ist eine Binsenweisheit, dass Veränderungsprojekte zunächst die Effizienz in Prozessen senken, bevor sie im Erfolgsfall die gewünschten Ziele erreichen. Im Medienbereich geht es meist um Effizienzsteigerungen zugunsten neuer Produkte, um damit neue Zielgruppen zu erreichen. Angesichts der wirtschaftlichen Lage der europäischen Medien besteht jedoch streng genommen kein Raum für Effizienzverluste, der eine Innovation oder Transformation ermöglichen würde: Die öffentlich-rechtlichen Medien erhalten von der KEF klare Vorgaben zum Personalabbau (0,5 % pro Jahr), während der Rundfunkbeitrag über Jahre eingefroren war und die Sender mit weniger Geld auskommen mussten. Zeitungen und Privatsender verlieren an Reichweite und Werbeeinnahmen, während digitale Erlösmodelle die Verluste kaum kompensieren.

Wirtschaftlicher Druck führt immer wieder zum Abbau von Redaktionsstellen. Als etwa die Kölner DuMont-Gruppe 2010 eine Berliner Gemeinschaftsredaktion für „Berliner Zeitung", „Frankfurter Rundschau" und „Kölner Stadt-Anzeiger" gründete, wurden zuallererst 50 von 190 gemeinschaftlichen Stellen gestrichen. Beim „WAZ"-Konzern, lange Zeit die größte Regionalzeitung in Deutschland, summiert sich der Abbau über die Jahre auf fast 600 Mitarbeiter*innen. Springer, Gruner und Jahr, „Stuttgarter Zeitung" – kaum ein Verlag, der nicht abbaut. Hier beißt sich die Katze in den ohnehin schon wunden Verlegerschwanz: Wie wollen die Zeitungen innovieren und transformieren, wenn sie immer weniger Menschen beschäftigen, um dies zu erledigen?

Personaleinsparung: Der frühere Chefredakteur der Ostfriesenzeitung, Joachim Braun, räumt in einem Interview mit dem „Journalist" ein, dass die Personalkosten der größte Kostenblock in einem Verlag seien, also auch der, mit dem sich bei sinkenden Erlösen am schnellsten Einsparungen erzielen lassen. „Am Herzen des Produkts, dem Journalismus, herumzudoktern, ist als Strategie dennoch falsch", sagt er, „solange in vielen Verlagshäusern der Personaleinsatz strukturell einer Zeit entstammt, als Print noch der einzige Ausgabekanal war" (*„Gut wird es erst, wenn wir die Veränderungen annehmen"*, 2022) – also der einzige Weg, Journalismus an den Mann und die Frau zu bringen.

Was Braun andeutet: Eigentlich bräuchten die Verlage sogar mehr Personal, um angesichts der Digitalisierung bestehen zu können. In dieser Situation bleibt de facto nur ein Ausweg, wenn die Mitarbeitenden nicht durch immer neue Aufgaben gesundheitsschädlich belastet werden sollen: Die Medienunternehmen müssen Dinge sein lassen, sich von Produkten und Prozessen verabschieden. Doch genau das fällt den Medienhäusern schwer.

Produkteinsparung: Zeitungsverlage stellten beispielsweise im DRIVE-Projekt mit der Deutschen Presseagentur und der Unternehmensberatung Schickler fest, dass sie am Bedarf ihrer Leser*innen vorbeischrieben und zu viel News, aber zu wenig Orientierung anboten (Lafrenz 2022). Es lag nahe, das eine sein zu lassen, um das andere anzugehen. Doch oft bedeutet „Abschied" für die Beteiligten auch „Niederlage", nicht zuletzt, weil unsere Kultur eben die Einstellung eines Formats, die Veränderung des Outputs, auch als Niederlage bewertet.

Google hingegen hat eine ganze Reihe von Hard- und Softwareangeboten wieder vom Markt genommen, weil sie nicht funktionierten, darunter YouTube Stories, Inbox by Gmail oder Picasa (Google o. J.). Wie Google es bereits vormacht: Strukturierte Abschiedsprozesse, wertschätzendes „sein lassen" und Freiräume für Neues zu schaffen – solche Prozesse gehören dringend ins Portfolio derer, die Innovation und Transformation in Unternehmen in Auftrag geben, in denen es an Ressourcen mangelt.

3.5 Neues wagen: Organisation und Kultur in Neugründungen

PULS: Das junge Angebot des BR „PULS" hat sich eine neue Struktur gegeben: Aus einem reinen Digitalradio wurde ein Content-Netzwerk mit über 20 Formaten und Events für junge Zielgruppen. Podcasts, YouTube- und Snapchat-Kanäle wurden gelauncht und eine neue Struktur mit holokratischen Elementen (s. auch „funk", Abschn. 3.6) entwickelt, die Hierarchien abbaut und das Team in weitgehend autonome Produktteams aufteilt, während ein Strategiebereich Orientierung gibt. „PULS" selbst spricht von einem „nachvollziehbaren und agilen Strukturmodell" (Lipp 2021), in dem Mitarbeiter*innen in klar definierten Rollen arbeiten, um Verantwortung, Ressourcennutzung und ihre eigene Weiterentwicklung zu stärken.

Neue Narrative: Das Wirtschaftsmagazin „Neue Narrative" berichtet nicht nur über eine „menschenzentrierte Organisationsentwicklung" und eine „egofreie Arbeitswelt", sondern versucht sich auch selbst an einer veränderten Struktur: Von Beginn an wurde bewusst auf traditionelle Strukturen mit zentralisierter Verantwortung verzichtet, um effizienter und flexibler journalistische Inhalte zu produzieren. Stattdessen ist das Team in Rollen organisiert, wodurch Führungsaufgaben verteilt werden (Wiens o. J.). Darüber hinaus ist „Neue Narrative" als Unternehmen in Verantwortungseigentum strukturiert.

„**RiffReporter**" haben eine Genossenschaft gegründet, die sich über Beteiligungen an den Einnahmen der journalistischen Mitglieder finanziert. Der Aufbau der Infrastruktur wird durch die Aufnahme von Genossenschaftsmitgliedern unterstützt, darunter auch investierende Mitglieder ohne Stimmrecht (*RiffReporter* 2024). Das Recherchenetzwerk „Correctiv" ist als gemeinnützige GmbH organisiert und setzt sich für die Etablierung eines gemeinnützigen Journalismus ein. Immerhin innovative Organisationsformen – aber verändern sie tatsächlich die journalistische Arbeit und die produzierten Inhalte?

Zu einem ernüchternden Ergebnis kommt eine Studie von Christopher Buschow (2018). Er untersuchte 15 Medien-Start-ups im deutschsprachigen Raum und stellte dabei fest, dass die Unternehmer*innen und Gründer*innen trotz guter Absichten kaum zur Erneuerung des Journalismus beitrugen. Dafür nennt er mehrere Gründe: Neue Medienunternehmen entstünden vorwiegend aus einer „Macher-Perspektive", die sich weniger als erwartet auf Innovationen konzentriere, sondern auf die Produktion von qualitätsvollen Inhalten. Teilweise orientierten sich die Neugründungen auch an alten Traditionen und Erlösmodellen. Zudem seien die Gründerteams deutscher Medien-Start-ups häufig zu homogen besetzt, um neue Lösungen zu entwickeln. Im Umkehrschluss bedeutet dies auch für Neugründungen: Medien müssen sich stärker an den Bedürfnissen ihres Publikums ausrichten. Sie brauchen diverse, crossfunktionale Teams, um Transformation erfolgreich zu bewältigen.

3.6 Das Team als innovatives Umfeld

Holokratische Struktur: Bei „funk", dem Content-Netzwerk von ARD und ZDF, werden fachliche Entscheidungen, wie die Einstellung erfolgreicher Formate zugunsten zielgruppengerechter Innovationen, in Rollen getroffen. Ein holokratisches System ermöglicht dem Unternehmen, sich komplett neu zu erfinden. Das heißt, das Unternehmen ist nicht hierarchisch strukturiert, sondern in Kreisen organisiert, die wiederum aus Rollen bestehen. Diese Rollen sind an den Aufgaben des Unternehmens ausgerichtet. Die Kreise, zu denen die Rollen zusammengefasst werden, organisieren sich selbst. Wenn ein Kreis beschließt, ein bestimmtes Produkt vom Markt zu nehmen, schafft er damit Platz für ein neues Produkt. Funk erreicht inzwischen weit über die Gründungsphase hinaus so erfolgreich wie nie junge Zielgruppen, vor allem im Bereich der 14- bis 19-Jährigen. Hier wirkt sich die Organisationsstruktur unmittelbar auf die Innovationskraft und -fähigkeit aus: Das Publikum altert nicht mit dem Anbieter, sondern funk erschließt sich offensichtlich permanent neue, junge Zielgruppen.

Innovations Labs: Nun konnte „funk" diese Struktur so etablieren, weil es ein sehr junges Content-Netzwerk ist und von Anfang an auf Innovation, agile Teams und stetige Erneuerung ausgerichtet war. Große, alteingesessene Medienunternehmen tun sich deutlich schwerer damit, ihre Organisationsstruktur so umzubauen, dass agile Teams entstehen. Die Lösung lautet hier dann gerne: Lab. Ein „Labor" als eigene Organisationseinheit neben dem Kerngeschäft. Ein Konstrukt, um Innovationen in einem Sektor voranzutreiben, der sich im stetigen Wandel befindet. So hat der „Tagesspiegel" ein Innovations Lab, der SWR ein X-Lab, der BR ein AI+Automation Lab, der WDR ein InnoHub, aber auch Wirtschaftsunternehmen wie die Lufthansa (Lufthansa Innovation Hub) oder SAP (SAP Innovation Center Network) haben mittlerweile Innovations Labs. Selbst das Land Baden-Württemberg hat mit dem InnoLab_bw eine interdisziplinäre Plattform in der Landesregierung geschaffen, um „Innovationen ‚Made in BW' schneller zum Durchbruch zu verhelfen", wie es auf der Website heißt. Labs sollen demnach Raum für neue Ideen, für Experimente und weniger starre Hierarchien schaffen.

Innerhalb der Medienforschung wurde der weltweit aufkommende Trend der Labs bereits als eigenständiges Forschungsfeld anerkannt. Untersucht werden insbesondere die Strukturen, Aufgaben und Arbeitsweisen der Labs sowie deren Einfluss auf die Medienorganisationen und die daraus resultierenden Auswirkungen auf Innovationsprodukte. Dr. Mikael Johnsson von der School of Innovation, Design and Engineering an der Mälardalen University in Schweden definiert neben der Organisationsstruktur, in der Innovationsteams in Medienunternehmen angesiedelt sind (s. Abschn. 3.1), verschiedene Faktoren, die die Arbeit von Innovationsteams begünstigen:

- Arbeitsklima: ein ermutigendes, positives Umfeld, das innovative Initiativen anregt und fördert
- Kultur: definierte Normen und Regeln für Verfahrensweisen und Toleranz gegenüber Fehlern
- Wirtschaft: ausreichend monetäre Ressourcen
- Management: Förderung und Forderung neuer Ideen durch Vorgesetzte
- Strategie: Möglichkeiten zur Investition in kurz- und langfristige Innovationsprojekte
- Zeit: für das Innovationsprojekt und zum Nachdenken

Prozessmerkmale in Teams, vor allem Kommunikation, Vision, Innovationsunterstützung und Aufgabenorientierung haben sich in der bisherigen Forschung als

3.6 Das Team als innovatives Umfeld

innovationsförderlich erwiesen. Sind diese Randbedingungen gegeben, so wirkt sich auch Heterogenität in Teams innovationsförderlich aus. **Diversität** ist ein weiterer Begriff, der in diesem Zusammenhang immer wieder fällt (s. Abschn. 3.7). Teamvielfalt oder Diversität bezieht sich auf die Heterogenität der demografischen Merkmale der Teammitglieder. Diese Merkmale können von inhärenten, gering berufsrelevanten Merkmalen wie Geschlecht, Alter, Konfession, Sprache, kulturelle und ethnische Zugehörigkeit bis hin zu berufsrelevanten Merkmalen wie Bildungshintergrund und Berufserfahrung reichen. Darüber hinaus können auch Faktoren wie Persönlichkeit und Überzeugungen zur Diversität innerhalb eines Teams beitragen. Unternehmen fördern Diversität meist mit dem Ziel, die Vielfalt der Gesellschaft in der eigenen Organisation abzubilden, das heißt vor allem bisher unterrepräsentierte Gruppen zu fördern. Mittlerweile nicht selten auch aus der Not heraus. Denn der demografische Wandel durch die ausscheidenden Babyboomer hinterlässt eine wachsende Lücke in der deutschen Erwerbsbevölkerung und somit ein hohes Niveau an unbesetzten Stellen (rund zwei Millionen). Ein diverses Team, das aus sehr unterschiedlichen Individuen besteht, birgt viele Vorteile: Es verfügt über eine breitere Wissensbasis, vielfältigere Fähigkeiten und kann aus vielen unterschiedlichen Erfahrungen schöpfen. Dies kann im Hinblick auf Innovation von Vorteil sein, da sich die Teammitglieder gegenseitig auf eine Weise ergänzen, die den gesamten innovativen Output verbessert.

Auch Interdisziplinarität ist für Innovationsarbeit von Vorteil. Ähnlich wie beim Bau eines Hauses, für den auch nicht nur ein Gewerk, sondern mehrere (Architekt*in, Elektriker*in, Dachdecker*in etc.) nötig sind, können verschiedene Berufe und die Mischung von Kompetenzen die Schlagkraft journalistischer Innovationen erhöhen. Schließlich ist ein Innovationsteam nicht einfach irgendeine Arbeitsgruppe, die bei Innovationen Glück haben könnte. Ein Innovationsteam ist ein Team, das speziell für die Durchführung von Innovationsarbeit zusammengestellt wird. Es muss daher auch mit dem Ziel der Innovation gebildet werden.

Zusammenarbeit ist der Grund, warum Teams überhaupt gebildet werden. Nicht nur, weil Arbeitsteilung effizienter ist als Einzelarbeit und weil kollaborative Arbeitsprozesse in Zeiten knapper Budgets und Personalressourcen eine gute Lösung sind, um komplexe journalistische Themen zu bearbeiten. Sondern auch, weil so manche journalistische Innovation allein gar nicht möglich wäre. Auch, weil wir in einer globalisierten Welt mit Themen konfrontiert sind, die an keiner Ländergrenze mehr Halt machen. Datenjournalismus beispielsweise funktioniert nur im Team, über verschiedene Medienhäuser und nicht selten sogar auch über Ländergrenzen hinweg, wie das prominente Beispiel der „Panama

Papers" zeigte, bei dem am 3. April 2016 rund 380 Journalist*innen gleichzeitig ihre Ergebnisse veröffentlichten. Medien, die einst in Konkurrenz zueinander standen, recherchieren und veröffentlichen nun gemeinsam.

Mittlerweile gibt es viele Beispiele für kollaboratives Arbeiten von Journalist*innen. Ein noch recht junges Projekt ist Cities for Rent – Investigating Corporate Landlords Across Europe. Ein Team von 25 Investigativ- und Datenjournalist*innen, Grafiker*innen und Designer*innen aus insgesamt 16 europäischen Ländern hat in einem grenzüberschreitenden Verbundprojekt untersucht, warum einerseits viele Menschen europaweit keine bezahlbare und menschenwürdige Wohnung finden und andererseits enorme Geldströme in den Wohnungsbau und missbräuchliche Praktiken von „Corporate Landlords", Unternehmen, die Wohnungen gewinnbringend kaufen und vermieten, Hand in Hand gehen. Sie recherchierten, analysierten und visualisierten Daten und dokumentierten die Auswirkungen für Städte und Menschen. Mit dem „European Cities Investigative Journalism Accelerator" (ECIJA) Network hat das Projekt eine Fortsetzung gefunden und fokussiert sich weiterhin auf urbane Herausforderungen, wie z. B. den Drogenkonsum in europäischen Städten. Journalist*innen können also mit diversen, kollaborativen Teams wie hier ihre Innovationsfähigkeit steigern und damit den Journalismus stärker und für die Öffentlichkeit relevanter machen. Je mehr es auf die spezifischen Kompetenzen jedes Einzelnen ankommt, desto eher ist auch die Zeit der Einzelkämpfer*innen und Edelfedern vorbei. Oder, um es mit den Worten zu sagen, mit denen Marina Walker Guevara vom Pulitzer Center im September 2023 die Global Investigative Journalism Conference in Göteborg eröffnete: „Collaboration is the new normal" - Zusammenarbeit ist die neue Normalität.

3.7 Transformationskompetenz durch diverse Teams

Definition Transformationskompetenz:

Nicht nur die bereits erwähnte Studie von Buschow (2018) legt nahe, dass die Transformation von Medienunternehmen dann umso besser gelingt, je diverser die agierenden Teams sind. In der Literatur findet sich dazu das Konzept der „Transformationskompetenz": „Transformationskompetenz ist eine Reaktion auf eine individuelle Pertubation aufgrund einer Wandelsituation (…). Dadurch entsteht ein Bewusstsein für die persönlichen Handlungen zur Gestaltung der neuen Situation und den ihnen zu Grunde liegenden Kompetenzen. Die reflexive Bewusstwerdung (Lernen) der eigenen Transformationserfahrung

3.7 Transformationskompetenz durch diverse Teams

und -kompetenz fördert somit möglicherweise einen gezielteren Umgang mit zukünftigen Wandelsituationen." (Lettrari et al. 2016).

Das Konzept deckt sich teilweise mit den von der Organisation for Economic Co-operation and Development beschriebenen „Future Skills". Die OECD (2019) nennt drei „transformative Kompetenzen": Erstens, neue Werte zu schaffen (Innovationen zu entwickeln, insbesondere neue Kenntnisse, Einsichten, Ideen, Techniken, Strategien und Lösungen und deren Anwendung). Zweitens, Spannungen und Dilemmata auszugleichen (unter Berücksichtigung von Verbindungen, Verflechtungen und Wechselbeziehungen zwischen scheinbar widersprüchlichen oder unvereinbaren Ideen, Logiken und Positionen). Drittens, Verantwortung zu übernehmen und das eigene Handeln zu reflektieren.

Die Fachleute: Jeannette Gusko, die als Geschäftsführerin das Recherchenetzwerk „Correctiv" leitet, beschreibt autobiografisch, warum sie als Wende- und Arbeiterkind diese Anforderungen besonders gut erfüllen kann: Sie sei „transformationszertifiziert", weil sie Transformation bereits gelebt und reflektiert habe. Ihr Buchtitel ist Programm: „Aufbrechen – Warum wir jetzt mehr Menschen brauchen, die große Umbrüche bewältigt haben". Sie vermutet diese Menschen „insbesondere an den menschengemachten Systemgrenzen, die Klassismus und Rassismus in unsere Gesellschaft eingezogen haben", also unter Arbeiter*innen- und Wendekindern sowie in migrantischen Familien (Gusko 2023). Doch genau diese Menschen sind in Redaktionen deutlich unterrepräsentiert. Wie sollen Transformation und Innovation gelingen, wenn die Fachleute dafür fehlen?

Repräsentation: Neben der Transformationskompetenz lassen sich weitere Argumente für mehr Diversität in Redaktionen finden: Die Repräsentation unterschiedlicher Menschen im Journalismus ist ein Gut an sich (deskriptive Repräsentation). Mehr Vielfalt in den Themen und Formaten innovativer Berichterstattung sehen viele als Schlüssel, um sinkenden Auflagenzahlen und TV-Quoten sowie dem Vertrauensverlust in die Medien zu begegnen. Denn wer sich in der Berichterstattung unserer Medien nicht wiederfindet oder sich nicht angesprochen fühlt, nutzt sie nicht und/oder misstraut ihnen. Eine diversere Besetzung der Redaktionen könnte daher die Berichterstattung verändern und der Fragmentierung des Medienmarkts gerecht werden (substanzielle Repräsentation). Daraus könnten sich höhere Reichweiten und Einnahmen ergeben, sodass eine diverse Redaktion durch diverse Berichterstattung breitere Zielgruppen erreicht. Letztendlich hängt das wirtschaftliche Überleben eines Mediums (auch) mit Fragen der Diversität zusammen.

Neue journalistische Produkte durch neue Prozesse

4

Die letzten Kapitel haben deutlich gemacht: Für einen zeitgemäßen, zukunftsfähigen und resilienten Journalismus braucht es Veränderung auf vielen Ebenen – in der Art und Weise, wie wir als Journalist*innen unser Publikum sehen und verstehen, in der Finanzierung, in der Struktur und Kultur innerhalb der journalistischen Unternehmen, in den Teams, in den Redaktionen. Und – Überraschung! – eben auch in der Art und Weise, wie Journalist*innen heute arbeiten und neue, zukunftsfähige Produkte entwickeln.

Der Begriff des journalistischen Produkts und dessen spezifische Natur wurden bereits in der Einleitung kurz problematisiert: Journalistische Produkte unterscheiden sich von anderen Produkten dadurch, dass sie eben nicht (nur) der Gewinnmaximierung dienen, sondern auch durch die demokratische Funktion des Journalismus gekennzeichnet sind. Dieser für den Journalismus spezifische Charakter des „Produkts" wird in diesem Kapitel noch einmal von besonderer Bedeutung sein. Denn eben jene Art und Weise, wie wir heute erfolgreich neue journalistische Produkte entwickeln, bezieht viele Techniken, Strategien und Erkenntnisse aus der klassischen Wirtschaft mit ein. Und: Diese kommen sogar häufig von den großen Tech-Unternehmen, die für journalistische Unternehmungen (meist zu Recht) ein Problem darstellen. Diese nehmen durch ihre algorithmisch gesteuerten Plattformen substanziellen Einfluss auf die journalistische Arbeit und sind bei der eigenen Produktentwicklung natürlich vor allem auf den bestmöglichen Absatz ihrer Produkte und den damit verbundenen größtmöglichen Gewinn bedacht. Dennoch lässt sich durch eine differenzierte Anwendung der dort entwickelten und etablierten Methoden einiges für den Journalismus gewinnen, im besten Sinne.

Die Kriterien für guten Journalismus stehen daher zu Beginn dieses letzten Kapitels noch einmal im Fokus: Sorgfalt bei der Recherche und Dokumentation, Sachlichkeit in der Berichterstattung, Unparteilichkeit, Ausgewogenheit, Glaubwürdigkeit, Unabhängigkeit, Unbestechlichkeit und Vertraulichkeit. Wie sich diese Standards mit den Bedürfnissen unterschiedlicher Publika verbinden lassen, sodass nicht nur die Abrufzahlen stimmen, sondern auch die journalistische Qualität, wird in diesem Kapitel anhand vieler Beispiele dargestellt.

4.1 Journalistische Produkte entwickeln, Innovation umsetzen

Gelungene Produktentwicklung ist kein Zufall, sondern das Ergebnis eines strukturierten Prozesses, der sich vor allem durch drei Merkmale auszeichnet: Zielgruppenorientierung und -dialog, Fehlerkultur und Iteration.

Erfolgreiche Produktentwicklungsprozesse, nicht nur im Journalismus, beziehen die Bedürfnisse des Publikums mit ein: Je genauer die Zielgruppe definiert werden kann und je spezifischer sich die inhaltlichen Bedürfnisse und die Mediennutzungsgewohnheiten ebendieser Zielgruppe im Endprodukt spiegeln, desto größer wird am Ende die Akzeptanz und damit der Erfolg des medialen Produkts sein. Wer im Produktentwicklungsprozess die oben genannten Qualitätskriterien mit den Bedürfnissen der Nutzer*innen verbindet, begegnet der Gefahr, dass Vermarktung und Profit überhandnehmen (Heidbrink 2020, S. 47–48) und verhindert „Populismus auf Kosten des öffentlichen Auftrags" (Günther und Schultz 2021, S. 176). Vielmehr kann die Einbeziehung der Nutzer*innenperspektive dazu beitragen, dass Menschen in den Blick geraten, für die es bisher keine journalistischen Angebote gibt, sodass ein so gestalteter Journalismus inklusiv wirkt und die Gesellschaft in ihrer Vielfalt ansprechen kann.

Fehler sind nicht falsch, sondern in zeitgemäßen Produktentwicklungsprozessen ein Gewinn und eine Aufforderung, es im nächsten Durchlauf anders, besser zu machen. Durchlauf ist ein weiteres Stichwort: Moderne Produktentwicklung zeichnet sich durch einen sich immer wieder wiederholenden Prozess aus, einen sogenannten iterativen Charakter. Das bedeutet, dass die einzelnen Schritte der Ideenentwicklung, der Konzeption, der Entwicklung von Prototypen und des Testens mit Rezipient*innen immer wieder einer kontinuierlichen Anpassung unterzogen werden. Dabei muss nicht der gesamte Prozess von vorne beginnen, auch einzelne Schritte können so lange wiederholt werden, bis das Ergebnis zufriedenstellend ist.

4.1 Journalistische Produkte entwickeln, Innovation umsetzen

Dieser Prozess unterscheidet sich grundlegend von dem, was in den großen, etablierten Medienhäusern über Jahrzehnte verinnerlicht wurde: An die Stelle bekannter Abläufe, fester, klar strukturierter Hierarchien treten agile, veränderbare Prozesse und wandelbare Strukturen, in denen Verantwortung individuell verteilt wird. Am Ende steht durch ständiges kritisches Hinterfragen, Überdenken, Testen und Anpassen entweder ein möglichst perfekt auf die Bedürfnisse der Zielgruppe abgestimmtes Produkt, das umgesetzt und veröffentlicht werden kann – oder die Idee wird schließlich zugunsten einer anderen, besseren verworfen (womit wir wieder beim Zulassen von Fehlern wären). Besonders anschaulich wird dieser Prozess, wenn wir ein Beispiel heranziehen, bei dem radikal Rezipient*innen-orientiert gearbeitet wurde: das „Klimalabor" des Schweizer Online-Magazins „Republik".

Journalistische Formatentwicklung am Beispiel: „Republik – das Klimalabor"

Die „Republik" ist ein vielfach ausgezeichnetes Online-Magazin mit Sitz in Zürich und selbst eine Innovation: 2018 lanciert, berichtet „Republik" – Qualität statt Quantität – mit lediglich ein bis drei Artikeln pro Tag über Themen aus Politik, Wirtschaft, Gesellschaft und Kultur und publiziert ausschließlich digital über die eigene Website, die App oder über Newsletter. Alle Artikel können gelesen oder gehört werden. Die Finanzierung erfolgt in einem genossenschaftlichen Modell über die Leser*innen, sodass die „Republik" werbefrei ist. Der Slogan steht für Qualität: „Ohne Journalismus keine Demokratie – und ohne Demokratie keine Freiheit".

Die Berichterstattung über die Klimakrise muss bei diesem Ansatz eine Rolle spielen. Aber wie? Wie kann, soll, muss Journalismus dieses schwierige, in Inhalt und Rezeption herausfordernde Thema angehen? Wer über die Klimakrise berichtet, muss einerseits ihrer Komplexität und hohen Relevanz gerecht werden, darf andererseits aber keinesfalls abschrecken, damit die Menschen bereitwillig und neugierig lesen, zuhören und eben nicht wegklicken oder abschalten – was eines der wirklich fatalen Probleme des Themas Klima in den Medien ist, wie u. a. das Oxford Climate Journalism Network des renommierten Reuters Institutes wiederholt herausgearbeitet hat (Ejaz et al. 2023).

So startete die „Republik"-Redaktion 2023 ein Experiment: das „Klimalabor" (Bauer et al. o. J.), konzipiert als ergebnisoffener Prozess – eine traumhafte und zugleich maximal herausfordernde Voraussetzung, die, so viel sollte inzwischen klar sein, der perfekte Start für erfolgreiche Innovation ist. Der Zeitrahmen für eine erste Explorationsphase: etwas mehr als ein halbes Jahr. Das Ziel: herauszufinden, wie Klimajournalismus aussehen muss, damit er Menschen in Sachen

Klimakrise weiterbringt. „Die zentrale Frage, an der wir uns journalistisch orientieren und auf die wir kritisch, konstruktiv und neugierig Antworten diskutieren wollen: Wie kommen wir aus der Krise raus?", so David Bauer, der Leiter des „Klimalabors", im persönlichen Gespräch.[1] Der Grundansatz des „Klimalabors" dabei ist der des konstruktiven Journalismus. Dieser stellt die Diskussion von Lösungen, vielfältige Perspektiven und konstruktiven Dialog in den Mittelpunkt (Bonn Institute o. J.).

Die aktive Kommunikation mit den Nutzer*innen, so entschied das Team des „Klimalabors", wurde ins Zentrum des Produktentwicklungsprozesses gerückt und der Prozess auch für Community Building genutzt, um Menschen nicht nur einmalig anzusprechen, sondern dauerhaft in Dialog zu bringen. Welche Bedürfnisse der Rezipient*innen bleiben im Klimajournalismus bisher unadressiert? Am Ende steuerten über 7500 Personen Antworten auf diese Frage bei. E-Mails, digitale Nachrichten und Online-Events waren dabei ebenso Kommunikationswege wie ein persönliches Treffen mit der „Klimalabor"-Redaktion.

Die Learnings: Nach acht Monaten des Zuhörens, Diskutierens, Filterns und Reflektierens standen am Ende acht Learnings (Bauer und Blülle 2023), von denen hier exemplarisch nur das erste genannt werden soll: „Der Bedarf nach Austausch ist groß", ein klarer Beleg für die offensichtliche Entwicklung, dass Journalismus keine eindimensionale Sender-Empfänger-Beziehung ist, sondern sich zu einer komplexen, multidirektionalen Beziehung verändert hat. Diese Erkenntnis, die oberste Priorität genießt, verweist außerdem auf neue Formatmöglichkeiten, die letztlich auf den Kern des journalistischen Auftrags zielen und diesem genauso gerecht werden können wie ein gut recherchiertes Stück: nämlich der Diskussion im öffentlichen, realen oder virtuellen Raum, von der Stadthalle bis zum Online-Chatroom einen Platz zu geben. In den USA wird mit diesem sogenannten „Dialogue Journalism" schon seit knapp zehn Jahren experimentiert (DIALOGUE. o. J.; Spaceship Media 2019), hierzulande sind Medien wie „Correctiv", „die Relevanzreporter" in Nürnberg, „Perspective Daily" und seit einiger Zeit auch öffentlich-rechtliche Sender wie der SWR dabei.

Das „Klimalabor" der „Republik" verstand über diese radikale Recherche nach den Bedürfnissen des Publikums jedenfalls: Journalismus sollte, wohl nicht nur in Klimafragen, „Räume […] schaffen und wo nötig als unabhängige Kraft moderieren. […] Menschen zusammenbringen, die sich nicht einig sind, aber die

---

[1] Ein ganz besonderer Dank geht an die Studentinnen Michelle Galle, Alicia Göldi, Sunita Marie Herrmann und Paulina Schlosser aus dem Seminar „Innovationen im Journalismus" WiSe 2023/24.

4.1 Journalistische Produkte entwickeln, Innovation umsetzen

Lust haben, sich mit anderen Meinungen auseinanderzusetzen." (Bauer und Blülle 2023).

Während der „Klimalabor"-Phase entfiel die meiste Zeit darauf, die Bedürfnisse des Publikums zu verstehen. Erst auf dieser Basis entstanden dann im „Klimalabor" verschiedene Ideen, um diese Bedürfnisse zu bedienen – und schließlich das erste Format: „Challenge Accepted, der Newsletter für alle, die sich der Klimakrise stellen. Und gemeinsam Wege aus der Krise finden wollen." (REPUBLIK o. J.). Der Newsletter löst dies wesentlich über portraithafte Berichte von inspirierenden Menschen ein, die in der Klimakrise einen (positiven) Unterschied machen. Flankiert und unterstützt wird das Ganze weiterhin durch Veranstaltungen für den persönlichen Austausch und die Begegnung zwischen Redaktion und Publikum. „Challenge Accepted" ging im November 2023 online und ist nur das erste von vielen möglichen Ergebnissen des „Klimalabors", das weiter zu innovativen Formaten gegen die Klimakrise forscht.

Methoden zur innovativen Produktentwicklung: Das Beispiel unterstreicht die Notwendigkeit, bei Produkten, die beim Publikum enden, auch genau da anzufangen. Aber was geschieht dazwischen? Das können wir im Rahmen dieses Bandes lediglich kurz anreißen, wollen aber wenigstens einen ersten Einblick in die Vielzahl der Möglichkeiten geben, wie Ideen frei und zugleich systematisch und zielstrebig in Fluss und zu einem Ziel gebracht werden können. Wer sich hiermit intensiver auseinandersetzen möchte, dem sei das „ARD Playbook Formatentwicklung" empfohlen, mit vielen Arbeitsmaterialien bis hin zu Details einzelner Kreativmethoden und vielen weiterführenden Links (ARD 2023). Das Playbook wurde auf Initiative von Helmer Hein von einer engagierten Community of Practice entwickelt, im Herbst 2023 publiziert und wird bei Bedarf online angepasst und weiterentwickelt. Es greift Methoden des Design Thinking auf, ein aus der klassischen Produktentwicklung stammender Prozess zur nutzer*innenzentrierten Kreation von Produkten, der hier gezielt für journalistische Unternehmungen umgebaut, mit den Bedürfnissen öffentlich-rechtlicher Sender abgeglichen und mit journalistischen Qualitätskriterien verbunden wird und allgemein eine hervorragende, freie Ressource für journalistische Formatentwicklungen ist. (Viele der im Playbook dargestellten Prozesse und Methoden kamen auch beim „Klimalabor" der „Republik" zur Anwendung).

Das Schaubild aus dem „ARD Playbook Formatentwicklung" zeigt den Gesamtprozess der Produktentwicklung im Journalismus (s. Abb. 4.1): Vom **Start** mit einem Impuls über das **Verstehen** der Voraussetzungen und Notwendigkeiten, über die eigentliche **Entwicklung** des Formats und die beispielhafte, „prototypische" **Umsetzung** bis hin zur Evaluation, was letztlich bedeutet: immer wieder hinterfragen, überprüfen, anpassen, **dranbleiben**. Was kompliziert aussieht, eröffnet vielfältige neue Möglichkeiten für Kreativität, ohne dabei die Nutzer*innen aus dem Auge zu verlieren oder gar l'art pour l'art zu betreiben.

Starten: Jeder Entwicklungsprozess beginnt mit einem Impuls, sei es, dass jemand eine kreative Idee hat oder – wie beim „Klimalabor" – eine Redaktion ein bestimmtes Bedürfnis beim Publikum vermutet. Dieser Impuls trifft auf bestimmte Rahmenbedingungen wie Zeit, Geld, Personal und die Fähigkeiten der am Prozess Beteiligten. Schließlich sind eine klare Aufgabenstellung, ein präziser Auftrag und eine Zusammenstellung und Priorisierung der Ziele, die mit der Formatentwicklung erreicht werden sollen, unverzichtbar. All dies ist Aufgabe des sogenannten „Projektmanagements": Person(en), die organisieren, koordinieren, ein Team führen und moderieren können, passend auszuwählen, ist eine Kernvoraussetzung für den Erfolg des Gesamtprozesses. Und durchaus immer noch unkonventionell im Rahmen einer journalistischen Berufskultur, die über Jahrzehnte hinweg (auch) vom Einzelkämpfertum geprägt war.

Verstehen: Wie im guten Journalismus findet hier vor allem Recherche statt, und zwar in drei Richtungen: Markt, Zielgruppe und Plattform.

- Wie sieht der Markt für das geplante Format aus: Welche Angebote gibt es bereits, was macht die Konkurrenz, wo sind Lücken? Was dient als Inspiration? Wovon möchte man sich abgrenzen? Was ist der Mehrwert des eigenen Produkts?
- Wie sieht die Zielgruppe aus? Das Team muss ihre Mediennutzungsgewohnheiten, die Plattformen, auf denen sich die Zielgruppe bewegt, ihre Interessen und vor allem, wie das Beispiel des „Klimalabors" deutlich gemacht hat, ihre Bedürfnisse genau kennen.
- Und schließlich gilt es, die Rahmenbedingungen der Distribution genau zu verstehen, was de facto auch heißt: Welche Eigenschaften belohnt der Algorithmus einer Plattform (Instagram ohne Videocontent macht genau so wenig Sinn wie eine journalistische Langform auf TikTok) oder eines E-Mail-Newsletters? Welche handwerklichen Fähigkeiten werden gebraucht? usw.

Entwickeln: Zu Beginn dieser Phase gilt es Bilanz zu ziehen – welcher Entwicklungsauftrag ergibt sich aus den Rahmenbedingungen der Formatentwicklung und den Ergebnissen der Markt-, Zielgruppen- und Plattformrecherche? Dies bildet

4.1 Journalistische Produkte entwickeln, Innovation umsetzen

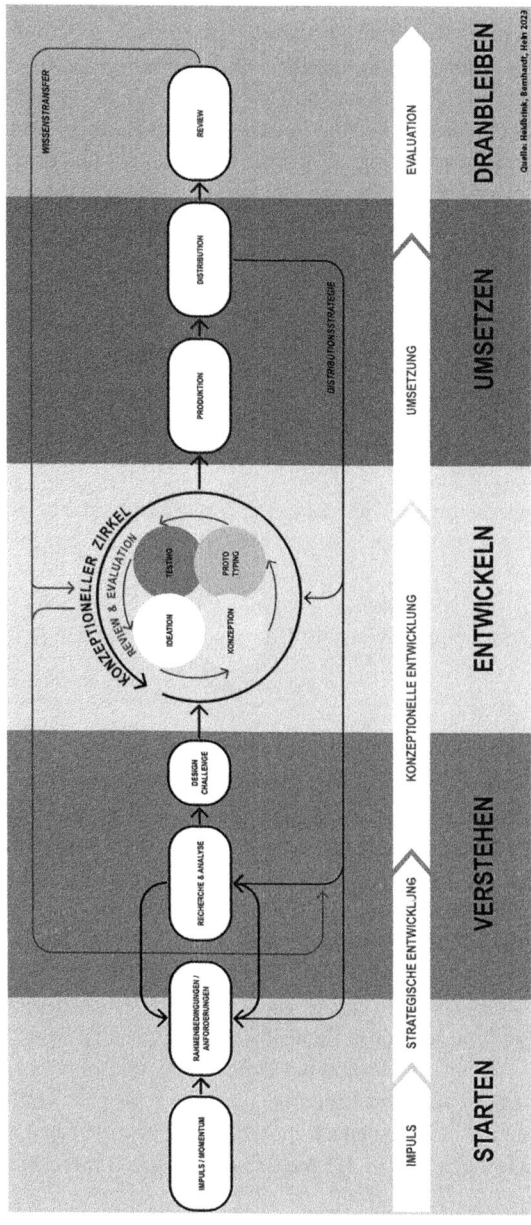

Abb. 4.1 Gesamtprozess der Produktentwicklung im Journalismus. (Quelle: https://www.figma.com/proto/wAnwAakoMf7b9DS8xk3Qog/ARD-Playbook?page-id=489-%3A4731&type=design&node-id=695-11216&viewport=-1521%2C9643%2C0.31&scaling=contain-&starting-point-node-id=162%3A5247&disable-default-keyboard-nav=1&hide-ui=1)

die Grundlage für den Einstieg in den sogenannten „konzeptionellen Zirkel". Hier werden Ideen generiert, in Konzepte überführt, prototypisch entworfen, an der Zielgruppe getestet, ggf. überarbeitet, neu konzipiert, erneut prototypisch umgesetzt, wieder getestet ... und so weiter und so weiter. Gerade in dieser Phase können diverse Teams punkten, in denen Menschen mit unterschiedlichsten Kompetenzen – von Kommunikationsdesigner*in über Community Manager*in bis hin zum Investigativprofi – zusammenarbeiten. Die unterschiedlichen Talente ergeben in Kombination viel mehr als die Summe ihrer Teile.

> Der kreative Entwicklungsprozess beginnt meist mit einem Formatentwicklungsbogen, der die weiteren Schritte benennt und abfragt:
>
> - (Arbeits-)Titel
> - Alleinstellungsmerkmal
> - Zielgruppe
> - Bedürfnisse der Zielgruppe, idealerweise veranschaulicht an einem*r möglichst genau konzipierten idealen Nutzer*in, einer sogenannten Persona
> - Look and Feel
> - Gesamteindruck des neuen Formats? Tiefgründig oder für Eilige, witzig oder konstruktiv?

Über all dem steht die Frage nach dem Markenkern: Wie verbindet sich das neue journalistische Produkt mit den journalistischen Qualitätskriterien und den Werten der dahinter stehenden Medienmarke? Diese Frage ist übrigens gerade für gut etablierte Medienmarken zentral, wie der Leiter der Social-Media-Redaktion der „Tagesschau", Patrick Weinhold, der u. a. für den äußerst erfolgreichen TikTok-Auftritt der „Tagesschau" mitverantwortlich ist, betont: „Ein Risiko ist, dass man die Marke beschädigt, ganz klar, wenn man sich zum Beispiel dieser Entertainment-Komponente, die auf TikTok vorherrschend ist, allzu sehr anbiedert oder die Marke allzu sehr nach den Logiken der Plattformen ausrichtet. Das halte ich für falsch. Boulevardisierung, Skandalisierung, Dramatisierung. Das sind alles Dinge, die auch für uns im Programm keine Rolle spielen. Aber was wir eben durchaus machen, ist sehr auf humorige Weise mit Augenzwinkern auch auf unsere eigene Marke [‚Tagesschau'] zu schauen." Und genau das ist der „Tagesschau" auf TikTok gelungen – 1,5 Mio. Follower*innen sprechen für sich.

4.1 Journalistische Produkte entwickeln, Innovation umsetzen

Im Entwicklungsprozess verhelfen unterschiedliche, im Team ausgespielte Kreativitätsmethoden, vielen Journalist*innen zu einer neuen Herangehensweise an ihre Arbeit. Als Beispiel sei hier die Methode „Crazy Eight" genannt. Dabei teilt jede*r in der Gruppe ein DIN-A4-Blatt in acht gleich große Felder ein und schreibt in den folgenden acht Minuten acht mögliche Varianten der eigenen Idee auf: Mit Host, ohne Host, als Podcast, als Instagram-Format, auf TikTok, mit wenig Budget etc. Oder die 6-3-5-Methode: Sechs Personen setzen sich gemeinsam an einen Tisch, notieren erste Gedanken zu drei Themen auf einen Zettel und geben diesen dann fünf Mal an den jeweiligen Nebenmann, die Nebenfrau weiter. Am Ende hat jeder in der Runde die Notizen der anderen ergänzt, ausgebaut, verändert, was zu völlig neuen Verknüpfungen führen kann.

Am Ende des kreativen Kernprozesses wird es praktisch. Es entsteht der erste Prototyp: Alle Ideen werden erstmals in ein den gestellten Anforderungen möglichst entsprechendes Produkt überführt, sodass sich direkt mögliche Herausforderungen, Umsetzungsschwierigkeiten oder auch unerwartete Side-Effects beurteilen lassen. Dieser Prototyp wird mehr oder weniger umfangreichen Testings mit Vertreter*innen der Zielgruppe unterzogen – und geht ggf. insgesamt oder mit Teilaspekten zurück in die Ideation. Erst wenn der konzeptionelle Zirkel zu einem zufriedenstellenden Ergebnis gekommen ist, wird der nächste Schritt eingeleitet.

Umsetzen: Ist die Entwicklungsphase einschließlich erster Tests erfolgreich abgeschlossen, geht es an die Überführung des Formats in die Routinen des jeweiligen Medienunternehmens. Eine Pilotproduktion wird angefertigt, die dann in die Publikation und in die im Format angelegte serielle Distribution geht.

Dranbleiben: Wer den Dialog mit den Nutzer*innen ernst nimmt, steht gerade auch nach dem Launch des neuen Formats in dauerhaftem Austausch mit der Community: Was funktioniert gut, was weniger, welche Bedürfnisse werden erfüllt, welche bleiben offen, welche sind vielleicht neu entstanden? „Nach der Distribution ist vor [der] Optimierung und Weiterentwicklung – und das auf Basis einer gründlichen Evaluation", so das Team der ARD-Playbook-Formatentwicklung.

Das Wichtigste am Prozess sind und bleiben also die Iterationen – die Möglichkeit also, Arbeitsschritte zu wiederholen, wenn das (Zwischen-)Ergebnis nicht ausreichend zufriedenstellend ist. Denn: Nichts ist endgültig (auch dieses Buch nicht).

4.2 Neue Formen der Berichterstattung

Von daher ist auch unsere kleine Beispielsammlung dessen, was im Journalismus heute möglich ist, wenn Zielgruppenorientierung und -dialog, Iteration und journalistische Qualität zusammenfinden, lediglich eine Momentaufnahme. Sie soll Lust machen, das Buch zur Seite zu legen und selbst kreativ, aktiv und zukunftsorientiert zu arbeiten! Denn guter Journalismus ist nicht nur absolut zeitgemäß, unentbehrlich und unverzichtbar – er macht auch Spaß.

Flip.de „Sneaker-Jagd"
„Flip" wurde 2020 gegründet, um Greenwashing zu bekämpfen und Verbraucher*innen zu mehr Nachhaltigkeit zu bewegen. Im Jahr 2022 erhielt das Medium die Auszeichnung „Wirtschaftsredaktion des Jahres" für das Projekt „Sneaker-Jagd", das den Recyclingweg von Turnschuhen nachzeichnete und dabei aufdeckte, dass manche trotz Wiederverwertungsversprechen im Müll landen. „Flip.de" verbindet dabei journalistische Kompetenz mit innovativer Technologie, wie der Ortung von Turnschuhen auf dem vermeintlichen Recyclingweg. Darüber hinaus wurde für eine Ausspielung über viele Medienmarken – vom NDR-Podcast über „Strg_F" bis „DIE ZEIT" – gesorgt und die Community sowie Prominente, die ihre Turnschuhe dem Projekt spendeten, intensiv eingebunden.

Table.Briefings
2019 gründete der frühere Tagesspiegel-Herausgeber Sebastian Turner „Table.Briefings", einen Bezahl-Newsletter-Dienst mit Experten-News für bestimmte Branchen wie z. B. Bildungspolitik, Forschungspolitik, internationale Klimapolitik, Außen- und Sicherheitspolitik, Nachhaltigkeit und Afrika. Die Angebote sind auf eine kleine, aber zahlungskräftige Zielgruppe zugeschnitten – ein Finanzierungsmodell, das nicht auf Breite, sondern auf Exklusivität setzt. Der radikal nutzerzentrierte Ansatz von „Table.Briefings" ermöglicht nach dem Vorbild US-amerikanischer Exklusiv-Newsletter die Finanzierung von Fachjournalismus, indem renommierte Journalist*innen ihr Fachwissen an eine sehr schmale Zielgruppe richten.

Neue Narrative
„Neue Narrative" brachte 2017 ein deutschsprachiges Wirtschaftsmagazin heraus, das sich auf New Work, menschenzentrierte Organisationsentwicklung und Kreislaufwirtschaft fokussiert. Das Magazin ist genossenschaftlich organisiert und arbeitet ohne Chefredakteur*in mit agilen Methoden wie Scrum. Finanziert wird es durch Abonnements und zusätzliche Angebote wie Workshops oder Seminarunterlagen. Seit 2020 wird das Magazin nicht mehr über Kioske vertrieben, da viele

4.2 Neue Formen der Berichterstattung

Ausgaben im Müll landeten. Das Team versteht sich „als Experimentierlabor für eine bessere Arbeitskultur" (Peteranderl 2024). Jede Redaktionssitzung beginnt mit einem Check-in, bei dem auch persönliche Gefühle zur Sprache kommen können. Die Redaktion macht das zum Thema, was sie selbst lebt.

Die „news-wg"

„Deine tägliche News-Portion" bietet die „news-wg" auf Instagram: Aktuelle Nachrichten werden nicht von einer distanzierten Moderation in einem neutralen Nachrichtenstudio präsentiert, sondern so, als würden sie von Mitbewohner*innen in der WG-Küche erzählt. Helene Reiner, die das Konzept von Anfang an mitgestaltet hat, erklärt: „Wir müssen dafür sorgen, dass sich die Leute da draußen eben nicht abwenden, weil sie frustriert sind, weil sie es eben nicht verstehen" (H. Reiner, persönliche Kommunikation, 09. Januar 2020). Die „news-wg" setzt auf eine radikale Augenhöhe und ernsthafte Einbindung der Community. Das hat seit 2018 über 170.000 Follower und Auszeichnungen wie „Bester Instagram-Account des Jahres" eingebracht.

migratöchter

Seit April 2023 bietet „migratöchter" auf Instagram konstruktiven Journalismus für junge Frauen mit Migrationshintergrund. Die Themen: Vom „Endgegner Übergepäck" nach dem Heimaturlaub über spannende Frauen mit Migrationsgeschichte und Begriffe, die in der deutschen Sprache fehlen, bis hin zur mehrsprachigen Liebe. Heike Zahn, die das Projekt beim SWR initiiert hat, berichtet: „Wir mussten uns außerhalb des SWR nach authentischen Entwickler*innen umsehen, weil es diese Kolleg*innen im SWR nicht gab" (H. Zahn, persönliche Kommunikation, 26. August 2024). Auch in der Arbeitsorganisation geht die Redaktion neue Wege. Eine klassische Redaktion, in der sich alle Mitarbeiter*innen jeden Tag persönlich treffen, gibt es nicht, so SWR-Partner-Managerin Kübra Idi: „Auch die Produktionsfirma hatte kaum Redaktionsmitglieder mit einer Migrationsgeschichte für so einen Kanal. Und die haben wir nicht alle in Mainz gefunden, sondern in NRW, in Berlin, in Stuttgart." (K. Idi, persönliche Kommunikation, Mai 2024).

Hand Drauf

Der Instagram-Kanal „Hand drauf" bietet Alltagsthemen sowie strukturelle und aktuelle Themen für Gehörlose in Gebärdensprache mit deutschen Untertiteln, exklusiv und inklusiv für und mit der Community gemacht. Dafür gab es vergangenes Jahr den Grimme Online Award. Das Besondere: „Hand drauf" wird von Gehörlosen für Gehörlose gemacht und füllt damit ganz klar eine Lücke auf dem

Medienmarkt und in der Arbeitswelt für Journalist*innen. „Der Weg in den Journalismus ist schwierig. Eine Ausbildung ist meistens nicht möglich. Deutsch zählt als Fremdsprache, das ist eine Barriere", so Redakteurin Melissa Wessels (persönliche Kommunikation, 03. Februar 2022).

Deine Korrespondentin
„Deine Korrespondentin", gegründet 2015, ist ein digitales Magazin, das den Gender Gap im Journalismus gleich doppelt angeht: Zehn Journalistinnen berichten multimedial und transparent aus aller Welt und lassen dabei vor allem Frauen zu Wort kommen. „Aus unserer Erfahrung wissen wir, dass es Regionen auf der Welt gibt, wie zum Beispiel Indien oder der Nahe Osten, in denen nur Frauen zu anderen Frauen Zugang haben. Das ist unser Alleinstellungsmerkmal", so Initiatorin Pauline Tillmann (persönliche Kommunikation, 10. November 2022). Das Magazin setzt auf lokale Expertise und vermeidet „Parachute Journalism", indem es tiefgehende Berichterstattung durch gut vernetzte Menschen vor Ort bietet. Die Finanzierung erfolgt über Crowdfunding auf Steady, Direktspenden und Zeitungskooperationen.

Springerstiefel
Der ARD-Podcast von Don Pablo Mulemba und Hendrik Bolz untersucht den Erfolg rechtsextremer Ideologie in Städten wie Zittau, Cottbus und Chemnitz. Die ersten fünf Folgen aus 2023 bieten einen persönlichen Rückblick auf die Kindheit von Mulemba und Bolz in den 90er Jahren, als sich Jugendliche zwischen Fascho und Punk entscheiden mussten. Die zweite Staffel, „Die 90er sind zurück", zieht Parallelen zwischen damals und heute und fragt nach den Ursachen für den aktuellen Anstieg rechtsextremer Gewalt. Das Besondere: Persönliche Geschichten werden mit politisch-gesellschaftlichen Entwicklungen verknüpft und zeigen, wie zeitgemäßer, mitreißender Journalismus funktioniert.

Was Sie aus diesem *essential* mitnehmen können

- Die Qualität der journalistischen Produkte ist nicht mehr allein entscheidend für einen ganzheitlichen publizistischen Erfolg – hinzu kommt heute auch die Gestaltung einer qualitativ hochwertigen Beziehung zwischen Journalist*innen und Bürger*innen.
- Innovation muss das gesamte Unternehmen erfassen und von der Führung eines Medienhauses gewollt sein – nur wenn das Management bewusst etablierte, hierarchische Strukturen abbaut, entsteht ein offenes Klima für Veränderungen.
- Aber: Ob Innovation gelingt, entscheidet sich wesentlich auf den mittleren Hierarchieebenen – auch diese Führungskräfte müssen mitgenommen werden.
- Die erfolgreiche Entwicklung zukunftsorientierter journalistischer Formate ist kein Zufall – sondern das Ergebnis methodisch abgesicherter Entwicklungsprozesse, für die es Raum braucht – und die man lernen kann.
- Innovation ist nicht immer der große Wurf, sondern beginnt im Kleinen und besteht nicht nur aus „etwas Neues wagen", sondern auch aus „einfach mal sein lassen".

Literatur

Albert M, Hurrelmann K, Quenzel G (2019) 18. Shell Jugendstudie. Jugend 2019. Eine Generation meldet sich zu Wort. Shell. https://www.shell.de/about-us/initiatives/shell-youth-study/_jcr_content/root/main/containersection-0/simple/simple/call_to_action/links/item0.strea-m/-1642665739154/4a002dff58a7a9540cb9e83ee0a37a0ed8a0fd55/shell-youth-study-summar-y-2019-de.pdf

Altmeppen K-D, Arnold K (2013) Journalistik. Grundlagen eines organisationalen Handlungsfeldes. Oldenbourg Verlag. https://doi.org/10.1524/9783486719437

Appelgren E, Nygren G (2019) HiPPOs (Highest Paid Person's Opinion) in the Swedish media industry on innovation: A study of news media leaders' attitudes towards innovation. J Med Innov 5(1):45–60. https://doi.org/10.5617/jomi.6503

ARD (September 2023). ARD Playbook Formatentwicklung. ARD. https://1.ard.de/Playbook_Formatentwicklung

Bauer D, Blülle E (31. August 2023). Acht Learnings aus dem Klimalabor. Acht Monate ergebnisoffene, partizipative Suche nach Journalismus, der uns in der Klimakrise weiterbringt. Was bleibt? REPUBLIK. https://www.republik.ch/2023/08/31/acht-learnings-aus-dem-klimalabor

Bauer D, Blülle E, Leisgang T (o. J.) *Willkommen im Klimalabor. Das Klimalabor ist ein Ort für Austausch und Experimente. Gemeinsam wollen wir herausfinden, was das ist: Journalismus, der uns in der Klimakrise wirklich weiterbringt.* REPUBLIK. https://www.republik.ch/klimalabor. Zugegriffen: 14 Aug 2024

Beisch N, Koch W (2022) Aktuelle Aspekte der Internetnutzung in Deutschland ARD/ZDF-Onlinestudie: Vier von fünf Personen in Deutschland nutzen täglich das Internet. Med Perspektiven 10:460–470.

Bonn Institute (o. J.) Was ist konstruktiver Journalismus? Bonn Institute. https://www.bonn-institute.org/was-ist-konstruktiver-journalismus#die-drei-elemente-des-konstruktiven-journalismus-58480. Zugegriffen: 14 Aug 2024

Bundesverfassungsgericht (1999). Erfolglose Verfassungsbeschwerde von „Radio Bremen". https://www.bundesverfassungsgericht.de/SharedDocs/Pressemitteilungen/DE/1999/bvg99-009.html

Buschow C (2018). Die Neuordnung des Journalismus. Eine Studie zur Gründung neuer Medienorganisationen. Springer VS.

Buschow C, Wellbrock C-M (2020) Die Innovationslandschaft des Journalismus in Deutschland. Wissenschaftliches Gutachten im Auftrag der Landesanstalt für Medien NRW. Landesanstalt für Medien NRW. https://www.medienanstalt-nrw.de/fileadmin/user_upload/NeueWebsite_0120/Zu-m_Nachlesen/-Gutachten_Innovationslandschaft_Journalismus.pdf

Brosda C (9. November 2022). Reform des öffentlich-rechtlichen Rundfunks. Inhalte statt runde Tische. Süddeutsche Zeitung. https://www.sueddeutsche.de/medien/oeffentlich-rechtlicher-rundfunk-carsten-brosda-1.5688506?reduced=true

Costera Meijer I (2020) Understanding the audience turn in journalism: from quality discourse to innovation discourse as anchoring practices 1995–2020. J Stud 21(16):2326–2342. https://doi.org/10.1080/1461670X.2020.1847681

Creech B, Nadler AM (2018) Post-industrial fog: Reconsidering innovation in visions of journalism's future. Journalism 19(2):182–199. https://doi.org/10.1177/1464884916689573

DIALOGUE (o. J.). Dialogue-based Journalism – An Inspirational Guide. DIALOGUE. https://dialogue-journalism.eu/. Zugegriffen: 14 Aug 2023

Ejaz W, Mukherjee M, Fletcher R (2023) Climate change news audiences: Analysis of news use and attitudes in eight countries. Reuters Institute. https://doi.org/10.60625/risj-dt2t-dm19

García-Avilés JA, Carvajal-Prieto M, De Lara-González A, Arias-Robles F (2018) Developing an index of media innovation in a national market: the case of Spain. J Stud 19(1), 25–42. https://doi.org/10.1080/1461670X.2016.1161496

Google (o. J.) Killed by Google.https://killedby.tech/google/. Zugegriffen: 29 Juli 2024

Goldmann F (2022) Diversität in Aufsichtsgremien. Wen vertreten die Rundfunkräte von ARD und ZDF? Über Medien. https://uebermedien.de/74777/wen-vertreten-eigentlich-die-rundfunkraete-von-ard-und-zdf/

„Gremien voller Gremlins" (13. Januar 2007). Spiegel Kultur. https://www.spiegel.de/kultur/gesellschaft/jauchs-ard-rueckzieher-gremien-voller-gremlins-a-459553.html

Gusko J (2023) Aufbrechen – Warum wir jetzt Menschen brauchen die große Umbrüche bewältigt haben. Atrium Verlag.

Gut wird es erst, wenn wir die Veränderungen annehmen (31. Juli 2022). Journalist. https://www.journalist.de/meinung/meinungen-detail/gut-wird-es-erst-wenn-wir-die-veraenderungen-annehmen/

Günther O, Schultz T (2021) Anregen, aufklären, streiten. Journalistik 4(2):173–180. https://doi.org/10.1453/2569-152X-22021-11513-de

Heidbrink H (2020) Innovationsmethoden im Unternehmerjournalismus: Strukturanalyse und Kritik von Lean Startup und Design Thinking unter dem Aspekt der Ökonomisierung. In C Wellbrock, C Zabel (Hrsg), Innovation in der Medienproduktion und -distribution – Proceedings der Jahrestagung der Fachgruppe Medienökonomie der DGPUK 2019, Köln. Deutsche Gesellschaft für Publizistik- und Kommunikationswissenschaft e. V, S 37–54. https:// doi.org/https://doi.org/10.21241/ssoar.68091

Kruse P [ulrike reinhard] (24 Juli 2014). 8 Regeln für den totalen Stillstand (2008) [Video]. YouTube. https://youtu.be/4f_mIRrns2U?si=VMp0XkLTVgz6S53J

Kueng L (2017) Going digital. A roadmap for organisational transformation. Reuters Institute. https://reutersinstitute.politics.ox.ac.uk/sites/default/files/2017-11/Going%20Digital.pdf

Literatur

Kueng L (2020) Hearts and minds: Harnessing leadership, culture, and talent to really go digital. Reuters Institute. https://reutersinstitute.politics.ox.ac.uk/sites/default/files/2020-11/Kueng%20-%20Hearts%20and%20Minds%20FINAL.pdf

Lafrenz R-D (2022) Über 90% der in regionalen Newsportalen veröffentlichten Artikel sind zu kurz – Aufräumen mit diversen Mythen… Schickler. https://www.schickler.de/2022/10/ueber-90-der-in-regionalen-newsportalen-veroeffentlichten-artikel-sind-zu-kurz-auf raeumen-mit-diversen-mythen/

Lettrari A, Nestler C, Porath J (2016) Wendekinder in der Berliner Republik und Europa. Transformationskompetenz – eine etymologische, transdisziplinäre Exploration. In V Benkert (Hrsg), Unsere Mütter, unsere Väter. Deutsche Generationen seit 1945. Campus, S 205–242

Lipp F (4 März 2021). Unser Weg zu Holokratie und Empowerment. Wie wir bei PULS unsere Struktur aus dem Team heraus umkrempeln und was wir dabei gelernt haben. Medium. https://medium.com/br-next/new-work-calling-5f72a38986f2

Lückerath T (21 Februar 2023). Katja Wildermuth und Christine Strobl im Gespräch. „Statt Masse wollen wir im Dokumentarischen gezielt Ausrufezeichen setzen". DWDL.de. https://www.dwdl.de/interviews/91844/statt_masse_wollen_wir_im_dokumentarischen_gezielt_ausrufezeichen_setzen/

McLuhan M (1964) Undertstanding media: The extensions of man.

OECD (2019) OEDC future of education and skills 2030. Conceptual learning framework. Transformative Competencies for 2030. https://search.oecd.org/education/2030-project/teaching-and-learning/learning/transformative-competencies/Transformative_Competencies_for_2030_concept_-note.pdf

Öffentlich-rechtlich: Ex-Verwaltungsratschef fordert zeitgemäße Reformen (18 August 2023). Evangelische Zeitung. https://www.evangelische-zeitung.de/oeffentlich-rechtlich-ex-verwaltungsratschef-fordert-zeitgemaesse-reformen

Peteranderl S (11 Februar 2024). Kann unsere Arbeit menschlicher werden? Journalist. https://www.journalist.de/werkstatt/werkstatt-detail/kann-unsere-arbeit-menschlicher-werden/

REPUBLIK (o. J.). Challenge Accepted! REPUBLIK. https://www.republik.ch/challenge-accepted. Zugegriffen: 14 August 2024

Reimers S, Cyriax H-U, Brauck M, Mielke P, Prox H, Rissler D (2023) Klimabericht. Analyse von Unternehmenskultur und Betriebsklima im Norddeutschen Rundfunk Norddeutscher Rundfunk. https://www.ndr.de/der_ndr/unternehmen/klimabericht120.pdf

RiffReporter (9 Juni 2024). Wikipedia. https://de.wikipedia.org/wiki/RiffReporter

Smartocto (o. J.) The user needs model for news. https://smartocto.com/research/userneeds/#form. Zugegriffen: 29 Juli 2024

Spaceship Media (2019) Dialogue journalism toolkit. https://spaceshipmedia.org/wp-content/uploads/2019/06/toolkit-526.pdf

Swart J (2018) Haven't you heard? Connecting through news and journalism in everyday life. [Thesis fully internal (DIV), University of Groningen]. Rijksuniversiteit Groningen. https://pure.rug.nl/ws/portalfiles/portal/61883841/Complete_thesis.pdf

ten Teije S, Woudstra J (1. März 2023). The user needs for news, explained. Smartocto. https://smartocto.com/blog/explaining-user-needs/

White DM (1950) The gate keeper: A case study in the selection of news. J Quarterly 27:383–390.

Wiens M (o. J.). Selbstorganisation. Wie ein Magazin ohne Chefredaktion funktioniert. Neue Narrative. https://www.neuenarrative.de/magazin/ein-magazin-ohne-chefredakteur-wie-neue-narrative-funktioniert. Zugegriffen: 29 Juli 2024

Woudstra J (28. Oktober 2020). 5 questions about the user needs, with Dmitry Shishkin. Smartocto. https://smartocto.com/blog/5-questions-about-user-needs/

springer-vs.de

}essentials{

Gabriele Hooffacker

Journalistische Praxis: Konstruktiver Journalismus

Wie Medien das Thema Migration für Jugendliche umsetzen können

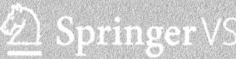

Jetzt bestellen:
link.springer.com/978-3-658-31770-6

GPSR Compliance

The European Union's (EU) General Product Safety Regulation (GPSR) is a set of rules that requires consumer products to be safe and our obligations to ensure this.

If you have any concerns about our products, you can contact us on ProductSafety@springernature.com

In case Publisher is established outside the EU, the EU authorized representative is:

Springer Nature Customer Service Center GmbH
Europaplatz 3
69115 Heidelberg, Germany

Batch number: 08339647

Printed by Printforce, the Netherlands